Bettina Leibold-Lang/Christine Zukunft

Materialien und Kopiervorlagen

zur Klassenlektüre

Ursel Scheffler

Kugelblitz auf Gaunerjagd durch Deutschland

Hase und Igel®

Inhalt

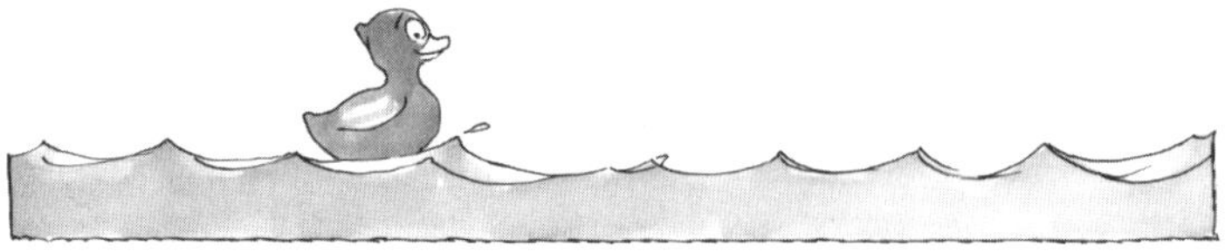

www.hase-und-igel.de
Lektorat: Sandra Hummel-Kuhn
Satz: Helga Lindemann
Illustrationen: Johann Brandstetter, Hannes Gerber
Druck: Himmer AG, Augsburg

ISBN 978-3-86760-460-4

Das Buch

Ein neuer Fall für Kommissar Kugelblitz: Diesmal hat er es mit einer Bande von Taschendieben zu tun, die ihr Unwesen in ganz Deutschland treibt. Eines der ersten Opfer ist der findige Kommissar selbst: Von seinem Konto sollen die Kosten für ein Surfbrett und eine Schnorchelausrüstung abgebucht werden! Der aufmerksamen Sachbearbeiterin der Bank fällt jedoch auf, dass diese Ausgaben nicht zum Profil des Kommissars passen, und sie meldet sich bei Kugelblitz. Der kombiniert sofort messerscharf, dass seine Kreditkarte auf einer Zugfahrt gestohlen wurde. Der Kommissar ist aber nicht das einzige Opfer. Auch Polizeichef Bingo und dessen Schwiegermutter wurden beklaut. Kugelblitz und sein Team müssen alle polizeilichen Tricks anwenden, um der dreisten Bande nach und nach auf die Schliche zu kommen, denn immer mehr Diebstähle werden gemeldet: an Bahnhöfen und in Zügen, auf Konzerten und auch auf der Automobilmesse. So muss Kugelblitz mit seinen Kollegen aus der ganzen Republik zusammenarbeiten, um die Täter fassen zu können. Dank Kugelblitz' Ideenreichtum, seinem Spürsinn, seiner schnellen Kombinationsfähigkeit und genauen Beobachtungsgabe gelingt es, einen Täter nach dem anderen dingfest zu machen …

Diese Detektivgeschichte mit dem bekannten und beliebten Kommissar spielt in ganz Deutschland und ist für eine dritte oder vierte Klasse bestens geeignet. Kreuz und quer führt die Spur der Diebesbande die jungen Leser durch das Land. Verschiedene Städte mit ihren Sehenswürdigkeiten und kulinarischen Spezialitäten werden den Schülern während der Lektüre nähergebracht. Ganz nebenbei erfahren sie auch Wissenswertes über den Bodensee, verschiedene Flüsse, die Nord- und Ostsee und einige Inseln. Nicht nur deshalb ist diese Lektüre eine ideale Ergänzung zum geografischen Themenkomplex „Deutschland".

Die Kinder werden bei der Spurensuche einbezogen und ihr Spürsinn ist am Ende jedes Kapitels gefordert: Vielfältige Fragen fordern zum Kombinieren und Recherchieren auf. Und auch die detailreichen und ansprechenden Illustrationen von Johann Brandstetter sollte man sich immer genau ansehen, damit einem als guter Detektiv kein Hinweis durch die Lappen geht …

Das Material

Der erste Teil des Materials ist für die Lehrerhand und bietet didaktische Kommentare, Zusammenfassungen der einzelnen Kapitel sowie alle Lösungen zu den Fragen in der Lektüre und den Aufgaben auf den Kopiervorlagen. Sie finden hier vertiefende Hinweise und zahlreiche weiterführende Anregungen für einen kreativen Unterricht.

Daran schließen sich die Kopiervorlagen für den Einsatz im Unterricht an. Aufgrund der vielfältigen geografischen Aspekte der Geschichte beschäftigen sich mehrere Kopiervorlagen mit Kartenarbeit. Dabei wurde darauf geachtet, die Karten vereinfacht darzustellen, damit die Schüler sich leichter orientieren können. Die jungen Detektive erstellen außerdem für jeden Gauner ein Täterprofil und durch vielfältige Aufgabenstellungen schulen sie ihren Spürsinn. Die Kopiervorlagen liefern alle Hinweise, um zusammen mit Kommissar Kugelblitz den Dieben auf die Schliche zu kommen. Ausgerüstet mit einem Detektivausweis und einem Periskop fühlen sich Ihre Schüler schließlich wie echte Ermittler! Während der Lösung des Falls lernen sie zudem ganz nebenbei und spielerisch das Land näher kennen: Städte wie Nürnberg, Hamburg oder Berlin, Sehenswürdigkeiten, Inseln und Seen, Dialekte und landestypische Spezialitäten werden thematisiert. Dabei wird auch immer ein Bezug zum Lebensraum der Kinder hergestellt.

Viel Spaß und Erfolg mit Buch und Material und eine gute Spürnase wünschen Ihnen und Ihrer Klasse

Bettina Leibold-Lang und Christine Zukunft

Vor der Lektüre

Zeigen Sie den Schülern zum Einstieg in die Lektüre im Sitzkreis eine Kreditkarte. Wer weiß, was das ist und wofür man sie benötigt? Legen Sie nun ein Bild von Kommissar Kugelblitz und eine Deutschlandfahne in die Mitte. Sicher wird den Kindern schnell klar, dass Kommissar Kugelblitz einen Fall zu lösen hat, der in Deutschland spielt und irgendetwas mit Kreditkarten zu tun hat. Die Deutschlandfahne wird anschließend im Klassenzimmer gehisst und bleibt während der Lektürearbeit aufgehängt. Stellen Sie nach Möglichkeit eine große Deutschlandkarte bereit, auf der die Schüler zeigen können, wo ihr Wohnort liegt, welche Städte sie schon besucht haben, welche Bundesländer sie kennen usw. Die Kinder werden auf diese Weise persönlich angesprochen und ein direkter Bezug zum Thema wird aufgebaut. Die Lektüre lässt sich gut mit dem Sachunterricht verbinden, kann aber auch eigenständig behandelt werden.

Zur Vorbereitung auf ihre detektivischen Aufgaben kann sich jeder einen Detektivnamen zulegen. Teilen Sie den Kindern vor Beginn der Lektüre außerdem Kugelblitz' Deutschlandkarte aus. Als gute Detektive stellen die Schüler Vermutungen über die beschrifteten Orte an: Welche Rolle spielen sie in der Geschichte? Reist Kugelblitz zu jedem Ort? Warum? Sicher ist die Klasse aufgrund dieses rätselhaften Einstiegs inzwischen sehr neugierig auf das Buch. In einer freien Lesezeit machen die Kinder sich anschließend mit dem ersten Kapitel vertraut.

Hinweise zu den Kopiervorlagen

KV Seite 20

Kugelblitz' Deutschlandkarte

Auf dieser Karte finden die Schüler alle für die Lektüre relevanten Orte und Gewässer. Da ihnen diese Kopiervorlage ein ständiger Begleiter sein soll, kann sie zweimal gefaltet und innen auf den Umschlag geklebt werden, vorausgesetzt, die Bücher sind keine Leihgabe der Schule. So können die Kinder die Karte während der Lektüre ausklappen und jeder kann die Diebestouren der Gauner nachvollziehen.

Aus Gründen der Übersichtlichkeit wurden ausschließlich Städte aufgelistet, in denen die Geschichte spielt oder die in der Geschichte genannt werden. Leistungsstarke Schüler ergänzen die Hauptstädte der Bundesländer sowie die Nachbarländer. Die Tatorte können während des Lesens gesucht und farbig markiert werden.

Darüber hinaus sollten Sie die genannten Orte an einer großen Wandkarte im Klassenzimmer zeigen und markieren. Das kann beispielsweise mit wieder ablösbaren Papierstickern in Pfeilform erfolgen.

Weiterführende Anregung

Um sich mit der Karte vertraut zu machen, stellen sich die Schüler gegenseitig Fragen. Je nach Leistungsstand der Klasse können zum Beispiel die Himmelsrichtungen im Vordergrund stehen, Städte oder Bundesländer abgefragt oder Nachbarorte benannt werden.

KV Seite 21

Ermittler aufgepasst!

Damit die Schüler echte Spürnasen werden, bekommen sie noch ein paar Tipps für gutes und effektives Ermitteln mit auf den Weg. Diese sollten sie aufmerksam lesen, denn in jeder Zeile steckt ein Fehler, den sie korrigieren müssen.

Die Kinder können anschließend jeweils zu viert ein Ermittlerteam bilden, das während der Lektürezeit bestehen bleibt. Durch die Teams intensiviert sich der Austausch der Schüler, die Zusammenarbeit wird geschult. Für die Ermittlungen stellen sich vier verschiedene Aufgaben, für die immer einer die Hauptverantwortung trägt. Im Anschluss füllt jeder seinen Detektivausweis aus und trägt ihn bis zur Lösung des Falls bei sich. Stellen Sie für den Daumenabdruck ein Stempelkissen bereit.

Beispiellösung

Aufgabe 1:

Lies deine Lektüre ~~oberflächlich~~ **genau**.

Halte immer Augen und ~~Mund~~ **Ohren** offen.

Hole dir so ~~wenige~~ **viele** Informationen wie möglich: aus dem Internet, aus Büchern und durch Befragung deiner Bekannten und Verwandten.

Achte auf dein Arbeitsmaterial, trage ~~nie~~ **immer** einen Stift und einen Block bei dir.

1. Kapitel: **Kugelblitz geht baden**

Inhalt und Lösungen

Kugelblitz kommt von einer anstrengenden Tagung aus Berlin zurück. Erschöpft möchte er sich in der Badewanne entspannen, doch da klingelt das Telefon. Am Apparat ist eine Kundendienstmitarbeiterin von American Express, die Kugelblitz darauf aufmerksam macht, dass seine Kreditkarte mit Ausgaben belastet wurde, die nicht in sein Käuferprofil passen. Kugelblitz entdeckt, dass seine Kreditkarte gestohlen wurde. Glücklicherweise hat die Bank die Bezahlung verweigert. Seine alte Kreditkarte wird gesperrt und er bekommt eine neue.

Am nächsten Morgen im Kommissariat berichtet auch Polizeichef Bingo von geklauten Kreditkarten. Diebstähle dieser Art häufen sich und es wird klar, dass sie offensichtlich von einer Bande begangen werden, die in ganz Deutschland unterwegs ist. Kugelblitz wird beauftragt, sich mit den Kollegen der anderen Bundesländer abzustimmen.

Zu den Fragen auf Seite 13:
- 29 Minuten
- 15 Telefonate

Hinweise zu den Kopiervorlagen

KV Seite 22

Kugelblitz und die Kreditkarte

Sorgfältiges Lesen ist notwendig, um die Aufgaben lösen zu können. Wer kann die Fragen beantworten, ohne in der Lektüre nachzusehen? Zudem müssen die Schüler für die richtigen Antworten ein wenig kombinieren. Geben Sie leistungsschwächeren Kindern gegebenenfalls durch gezielte Fragen und kleine Hinweise Hilfestellung.

Lösung

Aufgabc 1:

2. Auszug

Aufgabe 2:

Die Brieftasche steckt in Kugelblitz' Jacke.

Aufgabe 3:

z. B. Das ist in der Brieftasche: Geldscheine, Münzen, Bahnticket, Ausweis.
Das fehlt in der Brieftasche: American-Express-Karte.

KV Seite 23

Ein Mann mit Profil

Der Witz im ersten Kapitel ergibt sich aus der Verwendung von Begriffen und Wendungen, die im wörtlichen oder übertragenen Sinn gebraucht werden können, wie eben das Profil. So glaubt Kugelblitz anfänglich, dass die Dame am Telefon von seinen Gesichtszügen spricht. Sie meint jedoch sein Kaufverhalten. Die Kopiervorlage thematisiert zuerst Kugelblitz' Kreditkartenprofil.

Die Schüler erstellen ein persönliches Profil zu ihrem Leseverhalten, also eine Sammlung ihrer Leseeigenschaften. Die Leitfragen helfen ihnen dabei. Besprechen Sie die Ergebnisse im Plenum. Weisen Sie auf eine weitere Bedeutung des Wortes hin: Auch ein Schuh oder ein Autoreifen besitzen ein Profil. Abschließend lernen die Schüler einige Redewendungen und ihre Bedeutung kennen.

Lösung

Aufgabe 1:

Bahntickets, Taxifahrten, Flugtickets, Restaurantrechnungen

Aufgabe 3:

zum Zug kommen	an der Reihe sein
baden gehen	hereinfallen/scheitern
den Hahn zudrehen	das Konto sperren
untertauchen	sich vor der Polizei verstecken
ein Profil erstellen	Gewohnheiten einer Person festhalten

Weiterführende Anregung

Die Schüler sammeln „Teekesselchen"-Wörter: Ein Wort hat mindestens zwei unterschiedliche Bedeutungen, z. B. Zylinder, Melone, Blatt, Niete. Sie schreiben jeweils die Erklärung für beide Bedeutungen auf. Anschließend können sie diese der Klasse vorlesen und das Teekesselchen erraten lassen.

KV Seite 24

Die große Telefonaktion

Diese Karte führt die Namen der einzelnen Bundesländer mit ihren Hauptstädten ein. Da sich Kugelblitz bereits in Hamburg befindet, muss er nur noch in den fünfzehn anderen Bundesländern anrufen. Die fehlenden Buchstaben werden ergänzt. Schnelle Schüler können das Bundesland, in dem sie wohnen, farbig kennzeichnen. Wo genau liegt ihr Heimatort?

Die Ermittlerteams notieren während der Lektüre die Namen der im Laufe der Geschichte auftauchenden Kommissare passend zum jeweiligen Bundesland. Die Teammitglieder des Bereichs „Recherchieren – Kontakte notieren" sind jeweils hauptverantwortlich.

Lösung

Baden-Württemberg – Stuttgart
Bayern – München
Brandenburg – Potsdam
Hessen – Wiesbaden
Mecklenburg-Vorpommern – Schwerin
Niedersachsen – Hannover

Nordrhein-Westfalen – Düsseldorf
Rheinland-Pfalz – Mainz
Saarland – Saarbrücken
Sachsen – Dresden
Sachsen-Anhalt – Magdeburg
Schleswig-Holstein – Kiel
Thüringen – Erfurt

Weiterführende Anregung
Ganz einfach lässt sich ein Gedächtnisspiel erstellen: Schreiben Sie vorab oder gemeinsam mit den Schülern die Bundesländer sowie die entsprechenden Hauptstädte jeweils auf ein quadratisches Kärtchen. Berlin, Bremen und Hamburg tauchen zweimal auf. Zu jedem Bundesland kann auch das passende Wappen gemalt werden. Mit den Karten wird nun nach den bekannten Memoryregeln gespielt.

2. Kapitel: Wo spielt hier die Musik?

Inhalt und Lösungen

Nachdem die Popsängerin Elena Pescatore ihr Konzert in der Meistersingerhalle beendet hat, gibt sie ihren begeisterten Fans Autogramme. In der Warteschlange steht auch Anna-Lena Morlock, die Tochter von Hauptkommissar Morlock, der den Einsatz seiner Kollegen beim Konzert überwacht. Kurz bevor Anna-Lena an der Reihe ist, unterhält sie sich mit dem Mann vor ihr. Er trägt einen Siegelring mit Familienwappen, einer Meise, und ist ein großer Fan der jungen Sängerin. Er holt sich an diesem Abend bereits das siebzehnte Autogramm. Anna-Lena vermutet, dass die 100 Rosen, die neben der Künstlerin stehen, von ihm sind. Nach dem Konzert geht sie mit ihrem Bruder, der sie begleitet hat, in die Albrecht-Dürer-Stube. Ihr Vater kommt auch dorthin. Doch noch bevor die drei ihre fränkischen Spezialitäten verspeisen können, bekommt Morlock einen Anruf: Weitere Diebstähle wurden gemeldet, nun auch im Süden der Republik. Als Morlock schließlich in seine Tasche greift, um zu bezahlen, muss er feststellen, dass auch seine Brieftasche geklaut wurde.

Zu den Fragen auf Seite 24:
- in Nürnberg
- zu Bayern
- der Nürnberger Christkindlesmarkt
- Wurstsalat
- 1. FC Nürnberg
- Albrecht Dürer

Hinweise zu den Kopiervorlagen

KV Seite 25

Hinweiskarte

In verschiedenen Kapiteln müssen die Schüler auf Informationen zurückgreifen, die sich nicht aus dem Text ergeben. Mithilfe dieser Hinweiskarte werden ihnen alle Informationen geliefert, die für die Lösung verschiedener Lektürefragen benötigt werden. Sie können diese Karte entweder an jedes Kind austeilen oder jeweils eine an jede Ermittlergruppe ausgeben. Der Ermittler mit der Aufgabe „Hinweise finden“ ist für diese Vorlage hauptverantwortlich.

Lösung

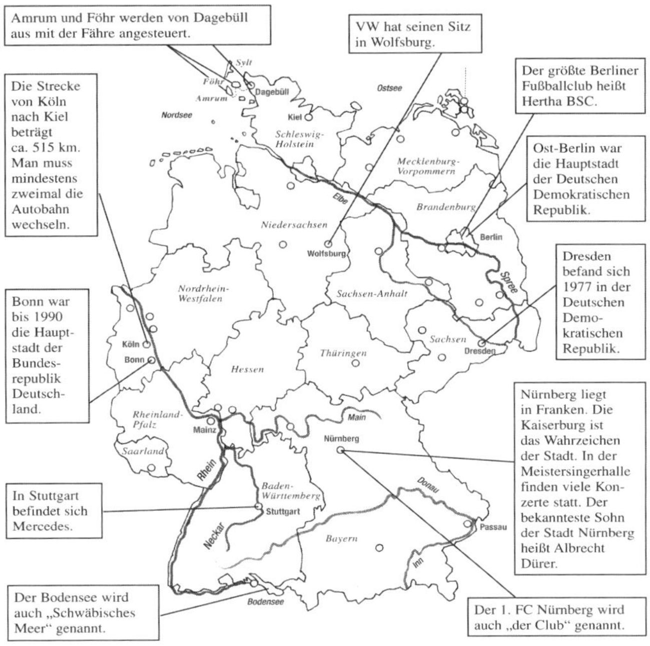

KV Seite 26

Elena Pescatore in Franken

Franken ist ein Teil des Bundeslandes Bayern. Hier wird ein eigener Dialekt gesprochen und fußballbegeisterten Kindern wird der 1. FC Nürnberg bekannt sein. Den Umriss von Bayern sowie Franken mit der Stadt Nürnberg können die Schüler anhand ihrer Deutschland- bzw. Hinweiskarte und des Ausschnitts auf der Kopiervorlage ermitteln.

Elena Pescatore schreibt in ihr Tagebuch. Die Schüler ergänzen die fehlenden Angaben, die leicht aus der Lektüre und der Hinweiskarte entnommen werden können.

Schließlich ist Rechnen und logisches Schlussfolgern gefordert. Das Gefühl für Entfernungen ist schwierig zu vermitteln und muss in unterschiedlichen Situationen immer wieder geübt werden. Nennen Sie deshalb Orte, die sich bis zu sechs Kilometer entfernt von der Schule befinden, damit die Kinder diese Distanz leichter nachvollziehen können. Interessant ist auch, den Schulweg als Maßstab zu verwenden: Wie oft müsste ein Kind ihn gehen, um sechs Kilometer weit zu laufen?

Lösung

Aufgabe 1:

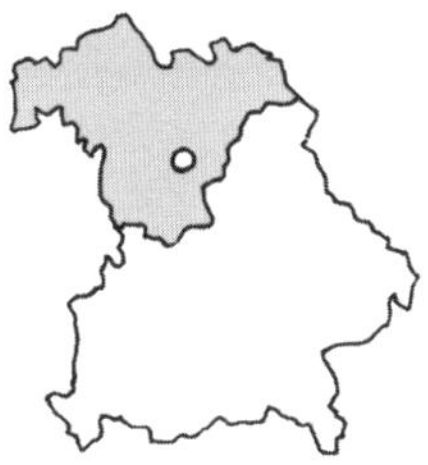

Franken liegt in Bayern.
Elena Pescatore tritt in Nürnberg auf.

Aufgabe 2:

Liebes Tagebuch,
heute trete ich um 20 Uhr in der Meistersingerhalle in Nürnberg auf. Das Konzert ist wieder ausverkauft, obwohl heute im Stadion der 1. FC Nürnberg spielt: die Clubberer, wie sie hier sagen.
Heute Nachmittag habe ich mir die Kaiserburg und das Haus von Albrecht Dürer angeschaut, du weißt schon, der bekannte Maler. Jetzt sitze ich gerade in der nach ihm benannten Stube und warte auf mein Abendessen. Es gibt „Stadtwurst mit Musik", so heißt hier der leckere Wurstsalat. Hmm! Nürnberg ist super!

Aufgabe 3:

Sie sollte nicht zu Fuß gehen, da sie für 6 km etwa zwei Stunden benötigt. Weil das Konzert um 20 Uhr beginnt und sie beim Abendessen war, ist die Zeit eher knapp.

Weitere Unterrichtsvorschläge

- Familienwappen: Lassen Sie die Schüler ein eigenes Familienwappen entwerfen. Dabei kann auf klassische, aber auch ausgedachte Heraldikelemente zurückgegriffen werden.
- Autogramm: Wie könnte das Autogramm von Elena Pescatore aussehen? Die Schüler entwerfen verschiedene Schriftzüge. Anschließend üben sie ihre eigene Unterschrift. Jetzt können sie ihren Mitschülern Autogramme geben.
- Albrecht Dürer: Es bietet sich an, den Maler im Kunstunterricht näher kennenzulernen. Dabei kann auch das Monogramm Dürers in den Mittelpunkt rücken. Jeder Schüler entwirft anschließend sein eigenes Monogramm.
- 1. FCN: Fußballfans vor! Was bedeutet die Abkürzung FCN? Welche Spezialisten wissen, auf welchem Tabellenplatz der 1. FCN momentan steht oder wann der Club zum letzten Mal Deutscher Meister war?

3. Kapitel: Sieben seltsame Herren

Inhalt und Lösungen

Die sieben Herren der Kreditkartenbande treffen sich im historischen Kaffeehaus „Zum Arabischen Coffe Baum" in Leipzig zu ihrer monatlichen Besprechung. Die nette Bedienung zählt eine Reihe von berühmten Persönlichkeiten auf, die diesen traditionsreichen Ort schon besucht haben. Die sieben Herren kennen sich aus Köln, wo sie sich im Vorjahr im Gefängnis angefreundet haben. Dort wurde die Geschäftsidee mit dem Kreditkartenklau entwickelt. Nun gibt es die neuen Einsatzpläne für den nächsten Monat. Pickit, der Anführer des Teams, verteilt Zugfahrkarten und damit die neuen Einsatzorte. Vom Wein redselig geworden, beginnen die Herren sich gegenseitig Geschichten zu erzählen. Dabei nehmen sie es mit der Wahrheit nicht mehr so genau. Mr Three, der dritte der sieben Diebe, erzählt von seinem Kugelschreibertrick. Nach der Besprechung trennen sich die Männer. Pickit möchte noch das Konzert von Elena Pescatore besuchen und auch Mr Six wird noch einen Tag in Leipzig bleiben.

Zu den Fragen auf Seite 38:

- drei Gauner: Mr One geht zum Bahnsteig, Mr Two kauft Proviant ein, Pickit und Mr Six bleiben noch in Leipzig
- in Sachsen
- Dresden
- Shakespeare und Luther: Beide haben vor 1720 gelebt.
- vier Lügen: in Stuttgart mit Dampfer auf Spree, Mercedes in Fabrik in Wolfsburg geklaut, Autobahn Köln – Kiel, Mainz und Passau am selben Fluss
- 1977 war Dresden eine Stadt der DDR und nicht der BRD.

Hinweise zu den Kopiervorlagen

KV Seite 27

Täterprofile

Diese Kopiervorlage wird ein ständiger Begleiter für die Hosentasche der Kinder. Immer wieder gibt es Hinweise zu einzelnen Tätern, die hier systematisch festgehalten werden können, damit die jungen Ermittler nicht den Überblick verlieren. Kopieren Sie die Vorlage auf DIN A3, dann haben die Schüler mehr Platz zum Schreiben. Der Ermittler mit dem Zuständigkeitsbereich „Täterprofile" ist für diese Vorlage hauptverantwortlich.

Lösung

Pickit
Aussehen: sportlich, lässig gekleidet, Dreitagebart, Siegelring mit Meise, dunkelblond, braune Augen
Besonderheiten: schwärmt für Elena Pescatore, besucht ihre Konzerte und sammelt Autogramme, schenkt 100 rote Rosen, plant die Einsätze, liebt französische Küche
Verhaftungsort: voraussichtlich Düsseldorf (Konzert)
Bürgerlicher Name: Karl August Meyse

Mr One
Aussehen: randlose Brille, dunkle Augen, schwarze Haare, dunkler Oberlippenbart
Besonderheiten: liebt Autos, begeisterter Segler, schaut gerne Mädchen nach
Verhaftungsort: Frankfurt (IAA)
Bürgerlicher Name: Egon Köhler

Mr Two
Aussehen: rundlich, oben wenig Haar, unten Locken
Besonderheiten: isst gerne, hat immer etwas zum Naschen dabei
Verhaftungsort: München (Oktoberfest)
Bürgerlicher Name: Benno Katz

Mr Three
Aussehen: getönte Brille, dunkler Blazer, rot-weiß gestreifte Krawatte, kastanienbraune, lockige Haare, etwa einen Meter achtzig
Besonderheiten: Taubentattoo am rechten Handgelenk, benutzt Kugelschreibertrick
Verhaftungsort: Rügen (Fähre)
Bürgerlicher Name: Hans Klein

Mr Four
Aussehen: schlank, Sportjackett
Besonderheiten: Fußballfreund, Sachse aus Chemnitz
Verhaftungsort: Hamburg (Bahnhof)
Bürgerlicher Name: Bert Burzelboom

Mr Five
Aussehen: große Nase, auffällige Narbe an linker Backe
Besonderheiten: benutzt den Geldtrick
Verhaftungsort: Hamburg (Schönheitsklinik)
Bürgerlicher Name: Alfred Mollenhauer

Mr Six
Aussehen: kräftig, rotblond, Ire
Besonderheiten: liebt Autos, segelt gern
Verhaftungsort: Frankfurt (IAA)
Bürgerlicher Name: Kevin Smith

KV Seite 28

C-a-f-f-e-e-Kantate

Dieser Kanon wurde von Carl Gottlieb Hering in der ersten Hälfte des 18. Jahrhunderts vertont. Hering wurde außerdem durch die Lieder „Hopp, Hopp, Hopp, Pferdchen lauf Galopp" und „Morgen, Kinder, wird's was geben" bekannt. Der Text des Kanons klingt veraltet und seine Wortwahl ist politisch nicht korrekt. Früher wurde dem Kaffee eine starke sinnliche Wirkung zugeschrieben, zum Teil ähnlich der von Alkohol. Dennoch ist das Stück reizvoll: Es geht aufgrund seines Rhythmus' gut ins Ohr. Gehen Sie auf den Text, sein Alter und das damalige Weltbild näher ein. Verständnisfragen werden dabei geklärt, z. B. das Wort Muselmann. Die Melodie können Sie durch einfaches Vor- und Nachsingen einführen. Sobald sie sicher sitzt, lässt sich der Kanon dreistimmig singen. Am meisten Spaß macht es, wenn sich die Gruppen im Raum verteilen.

Die Schüler beschäftigen sich mit den Bezeichnungen der Noten: Jeder Notenname besteht aus einem einzelnen Buchstaben. So ergibt sich das Wort C-a-f-f-e-e – und mit dieser Notenfolge beginnt auch das Lied.

Vertiefend können Sie mit Ihren Schülern überlegen, welche Wörter noch aus Notennamen geschrieben werden können, z. B. A-f-f-e, B-a-c-h, F-e-e. Eine besondere Herausforderung ist es für die Kinder, wenn der neue Begriff in Musik umgesetzt wird. Vielleicht befinden sich einfallsreiche Dichter in Ihrer Klasse, die eine Strophe passend zu dem neuen Namen erfinden können. Jedoch immer daran denken, dass der Anfang der Melodie sich ändert.

Lösung
Aufgabe 2:
C-a-f-f-e-e bezieht sich auf die Notenfolge der ersten beiden Takte.

Arabischer Mocca
Unter „Mocca“ versteht man heute die älteste Zubereitungsart von Kaffee. In eine spezielle Kanne mit langem Griff wird das staubfeine Moccapulver eingerührt und anschließend mehrmals aufgekocht. Arabischer Mocca wird im Unterschied zum türkischen oder griechischen Mocca mit Kardamom und Zimt oder Nelken gewürzt und heiß und ungesüßt getrunken.

KV Seite 29

Zum Arabischen Coffe Baum
Hier ist sorgfältiges Ermitteln gefragt. Die Schüler lernen einige berühmte Persönlichkeiten kennen und ordnen sie an der Zeitleiste ein. Schnell werden sie bemerken, dass Luther und Shakespeare bereits vor Eröffnung des Kaffeehauses gestorben sind.

Lösung
Aufgabe 2:
Eröffnung der Quetsche: 1720.

Aufgabe 3:
Luther, Shakespeare

KV Seite 30

Nichts als Lügen
Mithilfe der Hinweiskarte können die Schüler die Lügen der Gauner herausfinden. Hier ist genaues Lesen und Vergleichen gefragt. Anschließend flunkern die Schüler selbst. Sie setzen sich mit ihrem Heimatort auseinander, indem sie Sätze über aktuelle, geschichtliche oder geografische Begebenheiten aufschreiben. Sie können auch mit der Deutschlandkarte arbeiten.

Lösung
Aufgabe 1:
rot – In Stuttgart kann man mit einem Dampfer auf der Spree fahren.
grün – In Berlin findet ein Hertha-Spiel statt.
rot – In einer Fabrik in Wolfsburg werden Mercedes hergestellt.
rot – Köln und Kiel sind durch einen Autobahnabschnitt verbunden.
rot – Dresden gehörte 1977 zur Bundesrepublik Deutschland.
rot – Mainz und Passau liegen am selben Fluss.

4. Kapitel: **Gauner mit Friedenstäubchen**

Inhalt und Lösungen

Kugelblitz macht sich auf den Weg nach Leipzig zur Buchmesse, wo er seinen neu erschienenen Krimi vorstellen will. Im Zug macht ihn ein Mitreisender darauf aufmerksam, dass sein Kugelschreiber unter den Sitz gerollt ist. Da er aber keinen Kugelschreiber vermisst und eine etwas zu enge Jeans trägt, bückt Kugelblitz sich nicht danach. Der Herr wechselt das Abteil. Kurz darauf schlägt eine Dame Alarm: Ihre Brieftasche wurde geklaut. Kugelblitz kombiniert blitzschnell und es wird klar, dass sie auf den Betrüger mit dem Kugelschreibertrick hereingefallen ist. Die Frau kann aber eine Täterbeschreibung liefern. Das auffälligste Merkmal: Der Mann hatte ein tätowiertes Friedenstäubchen am rechten Handgelenk. Der Gauner verlässt allerdings in Wittenberg, der nächsten Haltestelle, den Zug und ist nicht mehr zu erwischen.

Zu den Fragen auf Seite 46:
- Mr Three
- Wittenberg liegt auf dieser Strecke nach Berlin.

Hinweise zur Kopiervorlage

KV Seite 31

Auf nach Leipzig

Die Bedeutung Leipzigs als Handelsstadt ist ein spannendes Thema und wird auf dieser Kopiervorlage mit einem Informationstext aufgegriffen. Geben Sie den Schülern die Möglichkeit, im Internet oder in Büchern dazu zu recherchieren: die Reisegeschwindigkeit der Transportmittel, Bilder davon oder die Reisedauer und den Komfort für einen Fahrgast. Das Reisen war früher beschwerlich und dauerte lang. Gut, dass Kugelblitz heutzutage bequem mit der Bahn fahren kann. Dazu benötigt er für die Fahrt nach Leipzig eine Fahrkarte. Auf der Kopiervorlage ist die Einzelverbindung abgebildet. Klären Sie mit den Schülern, welche Informationen für einen Fahrgast wichtig sind und wo man sie auf der Übersicht findet. Die Lücken werden anschließend allein oder in Partnerarbeit ausgefüllt.

Zur Differenzierung können sich schnelle Schüler weitere Fragen zum Plan überlegen. Sie können für die Klasse auch weitere Fragen an der Tafel notieren, z. B.: Wie lange ist Kugelblitz insgesamt unterwegs? Wie lange beträgt die reine Fahrzeit?

Lösung

Aufgabe 2:

Kugelblitz startet um 14:06 Uhr in Hamburg. Er muss einmal umsteigen, und zwar in Berlin Hbf. Die Umsteigezeit beträgt 5 Minuten. Er muss von Gleis 1 auf Gleis 2 wechseln. Um 16:35 Uhr verlässt der Zug Wittenberg. Der Zug endet am Hauptbahnhof Leipzig um 17:05 Uhr auf Gleis 11.

Weiterführende Anregung

Die Schüler suchen die Städte Hamburg, Berlin, Wittenberg und Leipzig auf Kugelblitz' Deutschlandkarte und verbinden sie mit Bahngleisen. Zusätzlich können die jeweils passenden Ereignisse auf der Zugstrecke eingetragen werden: Fahrtbeginn Kugelblitz, Fahrkartenkontrolle, Diebstahl, bestohlene Frau schlägt Alarm, Flucht des Täters, Fahrtende Kugelblitz.

Die Kinder spielen schließlich die Zugszene nach. Mit Stühlen kann das Zugabteil leicht nachgestellt werden. Zur Vorbereitung üben die Schüler in Vierergruppen (Kugelblitz, Gauner, Frau, Schaffner) die Szene ein.

5. Kapitel:
Rummy-Rudis heißer Tipp

Inhalt und Lösungen

Kugelblitz trifft sich mit seinem Informanten Rummy-Rudi. Dafür zieht er Bommelmütze, Sonnenbrille und Seglerjacke an, um nicht gleich erkannt zu werden. Mit dem Fahrrad geht es durch das schöne Hamburg, wo er sich am Elbstrand mit Rummy-Rudi trifft. Von ihm bekommt Kugelblitz die Information, dass es sich um eine ganze Bande handelt, deren Mitglieder sich in Köln im Gefängnis kennengelernt haben. Die Gauner stimmen ihre Pläne genau aufeinander ab, keiner bleibt lange an einem Ort. Auf dem Rückweg ins Büro schmiedet Kugelblitz einen Plan.

Zu den Fragen auf Seite 57:
- an Alster und Spree
- in Hamburg – es ist ein Stadtstaat
- Pickit
- c) ein Gemüsegericht

Hinweise zu den Kopiervorlagen

KV Seite 32

Kugelblitz undercover

Kugelblitz bereitet sich auf sein Treffen mit Rummy-Rudi auf ganz besondere Weise vor: Er tarnt sich, weil er nicht erkannt werden möchte. Die Kinder malen seine Tarnung auf. Das rechte Kugelblitzgesicht verändern sie eigenständig und mit Fantasie. Klären Sie vorweg, dass eine bunte Maskierung wie beispielsweise an Fasching in diesem Fall nicht zur Undercoverarbeit taugt. Anschließend wird eine Stabpuppe gebastelt, die in der nächsten Kopiervorlage ihre Verwendung findet. Vorder- und Rückseite müssen natürlich mit denselben Farben angemalt werden.

Lösung

Aufgabe 1:

Kugelblitz trägt eine Segeljacke, eine Bommelmütze und eine Sonnenbrille.

KV Seite 33

Hamburg für Spürnasen (1)

Die Kinder beschäftigen sich näher mit der Stadt Hamburg, indem sie anhand der Lektüre die besonderen Orte, an denen Kugelblitz auf dem Weg zu Rummy-Rudi vorbeiradelt, auf dem Stadtplan markieren. Kopieren Sie diesen vergrößert. Da nicht der exakte Weg genannt wird, den Kugelblitz mit seinem Rad zurücklegt, wählen die Schüler in der zweiten Aufgabe selbst einen Hin- und Rückweg aus und zeichnen ihn ein. Zum Schluss schneiden sie mit einer spitzen Schere oder einem Cutter den Weg durch die Stadt in das Papier. Hierfür bitte Schneidunterlagen bereitstellen und gegebenenfalls Hilfestellung geben. Indem die Kinder nun den Haltestab der Figur der vorhergehenden Vorlage vorsichtig von oben durch das Papier schieben, können sie Kugelblitz auf seinem Fahrrad tatsächlich „durch Hamburg“ fahren lassen. Da der Kommissar auf dem Rückweg ins Büro „umgedreht“ wird, wurde die Figur vorab von beiden Seiten angemalt. Vielleicht entscheidet sich der ein oder andere Schüler ja für einen Rundweg?

Lösung

Aufgabe 1:

Polizeirevier, Elbe, Kapitänshäuser am Elbhang, Övelgönne, Café Strandperle, Elbufer, Lombardsbrücke

KV Seite 34

Hamburg für Spürnasen (2)

Nach der Bearbeitung der Vorlage „Hamburg für Spürnasen (1)“ können die Kinder die erste Aufgabe hier sicher leicht lösen. Sie kann auch im Klassenverband besprochen werden. Oder Sie setzen am Vortag mehrere Schüler als „Wortdetektive“ ein, die die Bedeutung der Wörter herausfinden und im Unterricht erklären. Die folgenden Aufgaben beschäftigen sich mit Entfernungen.

Differenzierend können leistungsstärkere Schüler sich weitere Aufgaben zu Strecke und Geschwindigkeit ausdenken, auf die Rückseite der Kopiervorlage schreiben und sich gegenseitig stellen.

Lösung

Aufgabe 1:

Hebeanlage	ein Springbrunnen, bei dem das Wasser senkrecht nach oben gepumpt wird
Dock	kleines Stadtgebiet in Hamburg, das direkt am Elbstrand liegt
Fontäne	hier werden Schiffe aus dem Wasser gehoben, z. B. für Reparaturen
Övelgönne	Segelbootwettrennen im Frühjahr
Frühlingsregatta	Anlage, die verdrecktes Schmutzwasser abpumpt

Aufgabe 2:

2 km legt Kugelblitz in 5 min zurück.

↓ ·5 ↓ ·5

10 km legt Kugelblitz in 25 min zurück.

Aufgabe 3:

Wenn Kugelblitz halb so schnell fährt, braucht er doppelt so lang (50 min).

Weitere Unterrichtsvorschläge

- Führen Sie mit Ihrer Klasse einen „Undercover-Tag“ durch, zu dem jeder mit einer einfachen Verkleidung in die Schule kommen darf, z. B. mit einer Perücke, einer anderen Frisur oder mit veränderter Kleidung. Ein Merkmal, das für ein Kind besonders typisch ist, sollte nach Möglichkeit fehlen, sodass es nicht auf den ersten Blick zu erkennen ist. Stellen Sie den Unterschied zu einer Faschingsverkleidung (bunt, lustig, übertrieben) heraus.
- Die „Queen Mary“ eignet sich ebenfalls als Stabpuppe. Sie kann dann auf der Elbe fahren. Stellen Sie Bilder zur Verfügung, nach denen die Schüler das Schiff gestalten können.

6. Kapitel: **Die lila Falle**

Inhalt und Lösungen

Kugelblitz will der Kreditkartenbande eine Falle stellen. Er verkleidet sich als Reisender und platziert sich als Köder am Bahnhof. Gut vorbereitet stellt er sich am Fahrkartenschalter an und lässt absichtlich seine Brieftasche fallen, sodass sich die gefälschten Reiseunterlagen und diverse Bankkarten auf dem Boden verteilen. Er bemerkt, dass eine Person auf ihn aufmerksam wird. Kugelblitz geht Richtung Bahnsteig. Auf der Rolltreppe spürt er dann eine Hand in der Manteltasche, in der seine Brieftasche steckt. Blitzschnell greift er zu und kann den Täter kurze Zeit später anhand seiner sich lila färbenden Fingerkuppen überführen: Kugelblitz hatte die Brieftasche präpariert! Der Mann, Bert Burzelboom aus Chemnitz, wird von der Bahnpolizei verhaftet.

Zu den Fragen auf Seite 64:
- Bei der Festnahme verrät sich der Täter, weil er darauf hinweist, dass Kugelblitz bereits am Fahrkartenautomat der Geldbeutel hinuntergefallen ist.
- b) ein Lockmittel
- Damit er nicht auch lila Finger bekommt, wenn er die Brieftasche anfasst.
- Mr Four

Hinweise zur Kopiervorlage

KV Seite 35

Die lila Falle – Kugelblitz als Köder
Rekonstruieren Sie mit den Kindern die vielfältigen Aufgaben von Kugelblitz. Lassen Sie dazu seine Tätigkeiten aus der Lektüre entnehmen. Manche müssen von den Schülern hergeleitet und benannt werden, weil sie nur indirekt aus dem Text hervorgehen, z. B. Spezialcreme und gefälschte Kreditkarten besorgen, sich auf seine Manteltasche konzentrieren. Einer kann dann der Reihe nach der Klasse vorspielen, was Kugelblitz macht. Zur Sicherung legen die Kinder anschließend selbstständig das Domino.

Lösung
Die lila Falle – Kugelblitz als Köder / Spezialcreme und gefälschte Kreditkarten besorgen – sich als Reisender verkleiden / Brieftasche und Kreditkarte präparieren – Hände zum Schutz eincremen / zum Bahnhof fahren – zur Tarnung Zeitschriften kaufen / sich vor den Fahrkartenschalter stellen – ungeschickt mit den Reiseunterlagen hantieren / alle Personen genau beobachten – den Mann, der ihm folgt, im Auge behalten / sich auf seine Manteltasche konzentrieren – blitzschnell zugreifen / den Dieb mit stahlhartem Griff festhalten – Handschellen anlegen / auf die lila Verfärbung der Finger warten – die Bahnpolizei informieren / Fall erledigt!

7. Kapitel:
Ein Ferientag in Berlin

Inhalt und Lösungen

Kugelblitz lässt sich von seinem Neffen Martin überreden, mit ihm und seiner Schulfreundin Amelie ein Konzert von Elena Pescatore auf der Waldbühne in Berlin zu besuchen. Den Tag über besichtigen sie viele Sehenswürdigkeiten und unterhalten sich dabei über Detektivarbeit. Kugelblitz genießt den freien Tag und sogar das Konzert am Abend gefällt ihm. Als er jedoch sieht, wie der Künstlerin am Ende des Konzerts auf der Bühne ein großer Strauß roter Rosen überreicht wird, schrillt bei ihm eine Alarmglocke: Kommissar Morlock hatte von einem Rosenstrauß berichtet, den Elena Pescatore nach ihrem Auftritt erhielt und der mit einer gestohlenen Kreditkarte bezahlt wurde! Nach dem Konzert lässt Kugelblitz sich deshalb zu der Künstlerin bringen, die ihm über den Rosenstrauß, den Absender und die beiliegende Grußkarte Auskunft gibt. Kugelblitz nimmt die Karte aus dem Strauß für Ermittlungszwecke mit. Amelie freut sich über ein Autogramm.

Zu den Fragen auf Seite 77:
- Er möchte die Schrift analysieren und sie nach Fingerabdrücken untersuchen. Vielleicht kann er mit der Karte außerdem etwas über den Blumenladen herausfinden.
- Er erfährt, dass der Absender mit Vornamen wahrscheinlich Karl August heißt und dass er dunkelblond und unrasiert war.
- Bonn

Hinweise zu den Kopiervorlagen

KV Seite 36

Berlin

Im Text werden verschiedene Sehenswürdigkeiten genannt, die Kugelblitz mit seinen beiden Begleitern anschaut. Die Schüler versuchen, die Fotos richtig zuzuordnen. Wer war schon einmal in der Hauptstadt und kann helfen?

Lassen Sie am Ende Kugelblitz' Route im Stadtplan nachfahren: mit dem Finger, evtl. mit der Kugelblitz-Stabpuppe und schließlich mit einem Stift. Auch hier können unterschiedliche Wege gegangen werden, die Eckpunkte sollten aber stimmen.

Dass Berlin nicht immer die Hauptstadt der Bundesrepublik Deutschland war, wird mit der letzten Frage aufgegriffen. Die entsprechende Information dazu finden die Kinder auf der Hinweiskarte.

Lösung

Aufgabe 1:

④

②

①

③

⑤

Aufgabe 2:
BRD: Bonn, DDR: Ost-Berlin

KV Seite 37

Ein Ferientag in Berlin

Nun sind die Kinder mit wichtigen Sehenswürdigkeiten der deutschen Hauptstadt vertraut, sodass auf ein paar davon näher eingegangen werden kann. Im Text werden vier Sehenswürdigkeiten mit ihrem Spitznamen genannt. Die Schüler ordnen Name und Bild zu. Schaffen sie es, den Zusammenhang zwischen den Gebäuden und den jeweiligen Spitznamen herzuleiten? Es schließt sich eine Rechengeschichte an, die auf die Klasse bzw. die Familien der Kinder erweitert werden kann, z. B. als Hausaufgabe.

Lösung

Aufgabe 1:
Telespargel – Fernsehturm
Schwangere Auster – Kongresshalle
Goldelse – Siegessäule mit Engel
Eierwärmer – Kuppel des Reichstags

Aufgabe 2:
30 € + 22 € + 22 € = 74 €
Kugelblitz muss 74 Euro bezahlen.

KV Seite 38

Bist du ein guter Detektiv?

Über die Fähigkeiten eines guten Ermittlers haben die Schüler sich bereits Gedanken gemacht. Hier kreisen sie nun alle weiteren Eigenschaften ein, die ein Detektiv haben sollte. In der nächsten Aufgabe übertragen sie dieses Wissen auf sich selbst. In der Literatur sowie in Film und Fernsehen gibt es weitere berühmte Detektive, die auch Kinder kennen dürften. Nehmen Sie die Auswahl als Anregung, der Klasse weitere Bücher zum Thema „Detektive" vorzustellen. Die Schüler können ebenfalls Lesematerial mitbringen und in Form einer Buchvorstellung der Klasse bekannt machen. Richten Sie gegebenenfalls eine Themenecke ein, aus der die Lektüren ausgeliehen werden dürfen. Eine Anregung, wie die detektivische Fähigkeit „genaues Beobachten" trainiert werden kann, findet sich auf der Kopiervorlage.

Lösung

Aufgabe 1:
Geduld, Ausdauer, ~~musikalisches Talent~~, Kombinationsvermögen, ~~Sonnenbräune~~, schauspielerisches Talent, Pokerface, ~~Appetit~~, gute Beobachtungsgabe, ~~Vergesslichkeit~~, Verschwiegenheit, Mut, Sorgfalt, Einfallsreichtum

Aufgabe 3:
☒ Sherlock Holmes, Pumuckl, ☒ Commissario Brunetti, Garfield, Biene Maja, ☒ Kalle Blomquist, ☒ Emil Tischbein, ☒ Miss Marple

Weiterführende Anregungen

Um das genaue Beobachten und Beschreiben zu trainieren, gibt es weitere Spiele, die man in Variationen durchführen kann. Sie eignen sich für Paare, Kleingruppen oder die ganze Klasse:

- Ein Schüler verkleidet sich als Gauner. Er stellt sich vor und geht wieder hinaus. Danach müssen alle eine Täterbeschreibung anfertigen.
- Ein Detektiv der Klasse beschreibt einen Lehrer oder Schüler, den alle kennen. Wer errät zuerst, um wen es sich handelt?

KV Seite 39

Kartengrüße sichern

Kugelblitz untersucht die Karte des mutmaßlichen Trickdiebs, weil er hofft, einen Fingerabdruck sichern zu können. Jeder Schüler beschriftet nun selbst drei kleine Papierzettel mit dem Schriftzug: „Von Ihrem treuen Fan K. A." Einer davon wird auf das Arbeitsblatt geklebt. Den Schülern wird bewusst: Sie haben hier Spuren hinterlassen, nämlich Fingerabdrücke und ihre Handschrift. Lehrer können Schülerhandschriften meist sehr schnell zuordnen. Aber wie gut kennen die Kinder ihre Klassenkameraden? Die Schüler kontrollieren anschließend gemeinsam, ob die Zuordnungen stimmen.

Lösung
Aufgabe 1:
Warum geht er nicht in den Blumenladen und fragt die Verkäuferin nach dem Auftraggeber?
Begründung: Falls Pickit persönlich da war, könnte Kugelblitz im Laden die Bilder der „Knastbrüder aus Köln" zeigen und ein Fahndungsbild herausgeben.

Aufgabe 3:
Fingerabdrücke, Schrift, Papierwahl (kariert, farbig, ausgeschnitten), Stiftwahl (Farbe, Dicke, Art)

Weitere Unterrichtsvorschläge

- Die Schüler entwerfen ein Bewerbungsschreiben für sich selbst und preisen dabei ihre detektivischen Fähigkeiten an. Wie schätzen die Kinder sich wohl ein?
- Die Klasse legt eine Fingerabdruckkartei von allen Schülern an. Informieren Sie gegebenenfalls vorab die Eltern darüber. Die Kartei dient als Grundlage für ein Spiel. Das Sichern eines Fingerabdrucks sollte dafür bekannt sein: Ein Kind hinterlässt in Absprache mit der Lehrkraft an einer bestimmten Stelle einen Fingerabdruck. Ein Ermittlungsteam sichert den Abdruck und macht anhand der Kartei den Täter ausfindig.

8. Kapitel:
Gaunerferien

Inhalt und Lösungen

Für das monatliche Planungstreffen der Kreditkartenbande finden sich die noch verbliebenen sechs Personen diesmal in Schwerin ein. Sie beschließen, gemeinsam auf Rügen Urlaub zu machen. Nach einer Woche haben sie jedoch bereits genug von dem Luxusleben und es juckt sie in den Fingern, wieder unterwegs zu sein. Die sechs verteilen sich deshalb jeweils zu zweit auf Fähren in ganz Deutschland: Mr Five und Mr Two reisen nach Konstanz an den Bodensee, Mr One und Mr Six nehmen den Zug nach Dagebüll und Mr Three und Pickit bleiben auf ihrer Urlaubsinsel. Sie fahren mit dem Fährschiff nach Trelleborg und ergaunern mehrere Geldkarten. Auf der Rückfahrt wendet Mr Three ein weiteres Mal seinen Kugelschreibertrick an. Dabei wird er von einem Passagier wiedererkannt. Es handelt sich um den Zugführer, der dabei war, als Mr Three im Bahnhof Wittenberg entwischte. Dank der besonnenen Reaktion des Bahnbeamten gelingt es, den Gauner in Sassnitz zu verhaften.

Zu den Fragen auf Seite 92:
- Mecklenburg-Vorpommern
- an der Ostsee
- Rügen
- der Bodensee
- Amrum und Föhr

Hinweise zu den Kopiervorlagen

KV Seite 40

Deutsche Inseln
Mit der Hinweiskarte und Kugelblitz' Deutschlandkarte lassen sich die Lücken leicht füllen. Die Schüler erhalten so einen groben Überblick über deutsche Inseln, die auch in der Lektüre genannt werden. Logisches Denken wird in den anschließenden Aufgaben geschult. Differenzieren Sie, indem Sie die Kinder einzeln oder zusammen mit einem Partner arbeiten lassen. Erarbeiten Sie die Lösungen mit den Schülern, die mehr Hilfe benötigen, gemeinsam.

Um leichter rechnen zu können, wurden die Daten etwas angepasst und gerundet.

Lösung
Aufgabe 1:
z. B. Der Hafen von Rostock liegt an der Ostsee. In Sassnitz befindet sich der größte Eisenbahnfährhafen. Von dort werden Züge mit der Fähre nach Trelleborg in Schweden übergesetzt. Von Dagebüll aus werden die beiden Inseln Föhr und Amrum angesteuert. Sie gehören zu den nordfriesischen Inseln und liegen in der Nordsee. Der Bodensee liegt im Süden Deutschlands und wird auch „Schwäbisches Meer" genannt.

Aufgabe 2:

	Fahrdauer	Weg pro Stunde	Entfernung
Dagebüll – Amrum	1 h 30 min	16 km	24 km
Sassnitz – Trelleborg	4 h	30 km	120 km

Aufgabe 3:
Wenn die beiden am selben Tag wieder in Sassnitz sein wollen, gibt es drei Möglichkeiten:
hin 7:45 – zurück 13:05, hin 7:45 – zurück 18:05, hin 12:45 – zurück 18:05

KV Seite 41

Zugführer auf Gaunerjagd
Der Zugführer zeichnet sich durch Besonnenheit aus. Er überprüft seine Vermutung, ob es sich tatsächlich um den gesuchten Dieb handelt, und zeigt sich im direkten Erstkontakt mit dem Gauner schlagfertig. Die Schüler vollziehen dieses Verhalten auf der Kopiervorlage schrittweise nach.

Lösung
1. hören
2. „Vielleicht haben Sie ja einen Doppelgänger."
3. ☐ Er will sofort die Polizei rufen.
   ☒ Er will nicht, dass Mr Three seinen Gesichtsausdruck sieht.
   ☒ Er möchte möglichst wenig auffallen.
   ☐ Er hat sich schlecht rasiert.
   ☐ Er will aus dem Zugabteil flüchten.
4. Friedenstaube
5. Ja, weil er überlegt handelt und dadurch den Dieb dingfest machen kann.

9. Kapitel:
Bingo macht Dampf

Inhalt und Lösungen

Kugelblitz lässt überprüfen, ob der soeben gefasste Gauner Hans Klein zeitgleich mit Bert Burzelboom im Gefängnis war. Polizeichef Bingo kommt kurz darauf in Kugelblitz' Büro gestürmt: Er hat schlechte Laune. Er will die Bande endlich hinter Schloss und Riegel sehen, denn die Banken und Kreditkarteninstitute erwarten Ergebnisse. Das Bundeskriminalamt in Wiesbaden benötigt alle verfügbaren Informationen wie Personenbeschreibungen und Täterprofile. Eine weitere Möglichkeit, um einen Täter dingfest zu machen, wäre das kommende Konzert von Elena Pescatore. Leider findet es in Japan statt. Der nächste Auftritt in Deutschland ist erst wieder Ende des Jahres. Da hat Kugelblitz die rettende Idee: Bei der Festnahme von Hans Klein wurde eine Eintrittskarte der Automobilausstellung in Frankfurt gefunden. Der Kommissar verständigt die Kollegen vor Ort.

Zu den Fragen auf Seite 100:
- am Main, in Hessen
- in Nordrhein-Westfalen, am Rhein
- Wiesbaden – Nein, man könnte sie flussabwärts erreichen.

Hinweise zur Kopiervorlage

KV Seite 42

Von Nord bis Süd, von Ost bis West
Bingo zählt verschiedene Orte Deutschlands auf, um das umfassende Gebiet, in dem die Kreditkartenbande zu Gange ist, zu umreißen. Die Schüler suchen diese Orte zuerst in ihrer Karte und notieren im Anschluss weitere Orte, die ganz im Norden, Süden, Westen und Osten der Republik liegen – eine motivierende Aufgabe, um sich intensiv mit einer Karte zu beschäftigen. Differenzierend können die ausgewählten Städte auf der Karte eingetragen werden.

Lösung
Aufgabe 1:
Was ist das für ein verschnarchter Laden? Diese Kreditkartenbetrüger werden immer frecher! Von der Ostsee bis zum Bodensee. Von Cottbus bis Xanten. Von Buxtehude bis Konstanz.

Aufgabe 2:
Die Städte, Ortschaften und Seen liegen an den Rändern von Deutschland: Cottbus im Osten, Xanten im Westen, Buxtehude im Norden, Konstanz im Süden. Die Ostsee grenzt die Bundesrepublik teilweise im Norden ab, der Bodensee liegt ganz im Süden.

Aufgabe 3:
z. B. Nord: Langen (Stadt), Uplengen (Ort)
Süd: Sonthofen (Stadt), Oberstdorf (Ort)
Ost: Flöha (Stadt), Gornsdorf (Ort)
West: Merzig (Stadt), Büdingen (Ort)

10. Kapitel:
Schnäppchenjagd

Inhalt und Lösung

Mr One und Mr Six besuchen die Automobilausstellung in Frankfurt. Sie lieben Autos. Um die neuesten Modelle richtig fotografieren zu können, nimmt Mr Six in der Cafeteria eine Kamera mit und geht auf Fotosafari. Währenddessen macht sich Mr One an die Arbeit und klaut mehrere Brieftaschen. Auf der Herrentoilette sortiert er Geld und Kreditkarten aus und wirft die leeren Geldbeutel in den Abfalleimer. Der aufmerksamen Putzfrau fallen die leeren Brieftaschen auf. Sie meldet ihren Fund der Hallenaufsicht. Sofort wird der zuständige Beamte, Kommissar Bembel, verständigt, der von Kugelblitz die neuesten Informationen über die Gauner erhält. Als Bembel nachmittags am Würstchenstand Pause macht, ist er zufällig in der Nähe, als ein Besucher seine Kamera in Mr One's Händen wiedererkennt. Mr Six will ihm zu Hilfe kommen und mischt sich in das Gespräch ein. Bembel hat aber bereits eine Ähnlichkeit mit den Fahndungsfotos festgestellt. Beide müssen in das Büro der Messepolizei, wo ihre Identität trotz gefälschter Papiere geklärt wird und die beiden Gauner festgenommen werden.

Zur Frage auf Seite 114:
- Er soll sich auf der Kamera die Fotos ansehen, die bereits gemacht wurden.

Hinweise zu den Kopiervorlagen

KV Seite 43

Aufruf der Polizei
Die Schüler sollen dafür sensibilisiert werden, dass Straftaten oft deshalb möglich sind, weil sich für die Täter eine gute Gelegenheit bietet. Gegen Taschendiebe kann man sich aber schützen. Viele Menschen vergessen das leider immer wieder. Deshalb werden hier die wichtigsten Regeln wiederholt und von den Schülern schriftlich festgehalten. Besprechen Sie mit der Klasse, wie bzw. wo man seine Wertgegenstände sicher aufbewahren kann, wenn man eine Ausstellung besucht, z. B. in einem Schließfach. In der letzten Aufgabe ist Kreativität gefragt.

Beispiellösung
Aufgabe 1:
Notieren Sie die Geheimzahl niemals auf Ihrer Karte.
Tragen Sie nicht zu viel Bargeld bei sich.
Tragen Sie Ihren Geldbeutel in einer verschlossenen Tasche bei sich.
Lassen Sie Wertgegenstände nicht unbeaufsichtigt liegen.

KV Seite 44

Vom Jäger zum Gejagten
Die Rolle der Gauner Mr One und Mr Six dreht sich in diesem Kapitel um. Die beiden werden leichtsinnig und hinterlassen Spuren: Sie entwenden die Kamera, werfen leere Geldbeutel in den Abfalleimer und verwenden die Kamera vor Ort. So können sie geschnappt werden.

Lösung
Aufgabe 1:
z. B. Es ist leicht für ihn, auf der Messe Brieftaschen zu klauen, deshalb spricht er von „Schnäppchen".

Aufgabe 2:
Auf seiner Jagd unterläuft Mr One ein schwerer Fehler. Er hinterlässt Spuren. Die aufmerksame Putzfrau Carmen Propper findet die leeren Geldbeutel und verständigt die Polizei. Kommissar Bembel hat an diesem Tag bereits 17 Anzeigen aufgenommen. Bei der Verhaftung war Kommissar Zufall sehr behilflich.

Aufgabe 3:
Kommissar Bembel soll sich die Bilder auf der Kamera ansehen.
Begründung: Auf der Kamera entdeckt er die Fotos, die die beiden Gauner auf der IAA gemacht haben. Davor sind Bilder der Person, der die Kamera gehört.

Aufgabe 4:
$480\ km : 100\ km/h = 4{,}8\ h \approx 5\ h$
Er braucht rund 5 Stunden.

KV Seite 45

Um die Ecke geguckt – Ein Periskop
Eine Schlüsselqualifikation, die Detektive auf vielfältige Weise beherrschen müssen, ist das Beobachten. Mithilfe eines Periskops kann man um eine Ecke schauen und wird dabei selbst nicht gesehen – also ein Handwerkszeug für Detektive, das in keiner Ausrüstung fehlen darf. Kleine Spiegel gibt es als Hobby- und Bastelbedarf im Laden oder im Internet. Im Baumarkt können Sie sich auch Spiegelfliesen zuschneiden lassen. Vorsicht: Die Kanten sind recht scharf. Spiegelfolie ist preisgünstig, eignet sich aber nur bedingt.

11. Kapitel:
Den Gaunern auf der Spur

Inhalt und Lösungen

Kommissar Kugelblitz gibt seinem Chef Bingo einen aktuellen Lagebericht. Von den Kollegen in Frankfurt hat Kugelblitz die Telefonliste des verhafteten Egon Köhler erhalten. Er verständigt die Ermittler in den Städten, in die Köhler zuletzt telefoniert hat. Pickit befindet sich gerade in Stuttgart. Dort ruft ihn Köhler aus der Untersuchungshaft an und bittet ihn, einen guten Anwalt zu besorgen. Pickit verweigert seine Hilfe, wechselt sofort seine Handykarte, um nicht von der Polizei geortet werden zu können, und fährt nach Saarbrücken. Mr Two weilt derzeit auf dem Oktoberfest in München, wo er sich eine nette Dame angelacht hat. Er nimmt sie mit auf sein Hotelzimmer, wo sie ihn beklaut. Mr Two verständigt empört die Polizei – und wird festgenommen. Mr Five sitzt gerade in Hamburg im Wartezimmer eines Schönheitschirurgen, als ihm per Handy mitgeteilt wird, dass sein Handy über Funk geortet wurde und die Polizei seine Identität kennt. Fluchtartig verlässt er die Klinik und versucht zu fliehen. Doch die Polizei hat das Gebäude bereits umstellt und so läuft er Kugelblitz direkt in die Arme.

Zu den Fragen auf Seite 124:
- Mr Two ist in München, Mr Five in Hamburg und Pickit in Stuttgart.
- nur noch Pickit
- 2 Stunden und 10 Minuten

Hinweise zur Kopiervorlage

KV Seite 46

Hinter schwedischen Gardinen
Eine Übung zur Sprachschulung: Unsere Sprache kennt viele Synonyme für das Wort „Verbrecher“. Sammeln Sie zuerst Vorschläge von der Klasse und schreiben sie diese an die Tafel. Anschließend suchen die Schüler im Wortgitter die Begriffe und schreiben sie auf. Lassen Sie sie die gefundenen Wörter vertiefend in Sätzen oder Texten verwenden. Diese Aufgabe bietet sich als Hausaufgabe an.

Lösung
Aufgabe 1:

B	F	G	M	L	S	D	A	V	K	M	G	A	N	G	S	T	E	R
A	S	H	A	L	U	N	K	E	R	T	U	Z	W	E	D	L	M	N
K	H	J	F	G	D	E	S	R	I	O	P	U	Z	L	K	B	X	R
D	E	W	I	S	Z	M	X	B	A	N	D	I	T	S	P	S	W	L
F	B	E	T	R	Ü	G	E	R	N	M	D	L	K	F	R	C	S	A
G	A	E	F	C	V	L	O	E	N	J	A	S	W	P	X	H	A	P
Z	Y	T	I	W	L	D	S	C	H	U	R	K	E	F	G	U	H	C
R	K	G	S	F	T	E	B	H	V	N	A	D	P	A	S	F	L	J
L	A	N	G	F	I	N	G	E	R	E	R	F	L	T	Ä	T	E	R
W	S	K	L	P	S	V	B	R	Z	T	U	W	X	B	S	A	L	O
D	J	A	M	R	S	I	X	O	L	E	G	F	S	L	E	Z	T	K
I	A	S	P	I	T	Z	B	U	B	E	U	G	A	U	N	E	R	F
E	E	S	R	F	S	L	U	A	E	U	O	I	L	M	P	A	S	K
B	Ö	S	E	W	I	C	H	T	X	D	F	G	H	P	K	L	E	Z

Gangster, Halunke, Bandit, Betrüger, Schurke, Langfinger, Täter, Spitzbube, Gauner, Bösewicht, Dieb, Verbrecher, Lump, Schuft

Aufgabe 2:
z. B. einbuchten, Knastbrüder, Lockvogel, heiße Ware, Knacki, Schnüffler

Weiterer Unterrichtsvorschlag

Das Oktoberfest dürfte als größtes Volksfest der Welt vielen Schülern ein Begriff sein. Nach einem Gespräch über ähnliche Feste oder Feiern in ihrer Nähe malen die Kinder eine Szene oder ihre liebste Attraktion im Kunstunterricht.

12. Kapitel:
Schlussakkord

Inhalt und Lösung

Pickit hält sich noch in Saarbrücken auf. Sein Team sitzt im Gefängnis, nun ist er allein. Er hat sein Geld in Luxemburg und in der Schweiz angelegt und bald will er nach Brasilien fliegen. Vor seiner Abreise wird er aber noch ein letztes Konzert von Elena Pescatore besuchen. Er wird ihr wieder 100 Rosen schenken und sie in das beste Restaurant in Düsseldorf einladen. Kugelblitz wartet auf dieses Konzert genauso sehnsüchtig wie er!

Zur Frage auf Seite 127:
• Kugelblitz' Handschellen

Hinweise zu den Kopiervorlagen

KV Seite 47

Kugelblitz' Schlemmerführer
Guten Appetit! In verschiedenen Städten der Lektüre wird gespeist. Die Kinder erinnern sich oder lesen gegebenenfalls nach. Geben Sie leseschwachen Schülern nötigenfalls Hilfestellung mit der Kapitelwahl (2. Kapitel: Stadtwurst mit Musik, Sechs mit Kraut – Nürnberg; Leipziger Allerlei). Hendl und Brezn in München und der Flammkuchen in Saarbrücken werden in den letzten beiden Kapiteln erwähnt, sodass diese den Kindern sicher noch im Gedächtnis sind. Bevor die Schüler die einzelnen Speisen ausschneiden, besprechen Sie diese im Klassenverband. Die Wortkarten können auch unter oder neben die Teller geklebt werden, dann können die Kinder die Speisen zusätzlich aufmalen.

Lösung

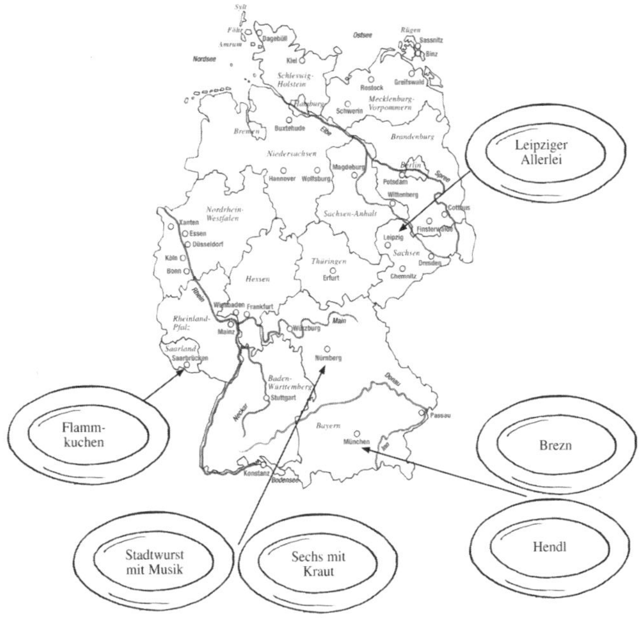

KV Seite 48

Sprachspuren – Dialekte in Deutschland
Schüler entwickeln ab der dritten Klasse langsam ein Gespür für unterschiedliche Dialekte. Sie beschäftigen sich, angelehnt an die Orte der Lektüre, mit dem Nürnberger Dialekt und dem Berlinerischen, um jeweils einen kleinen Einblick zu bekommen. Auch im Dialekt werden manche Wendungen nicht wörtlich übersetzt, sondern sind als feststehender Ausdruck zu verstehen, wie in der ersten Aufgabe („Ach goddala! Allmächd!" heißt wörtlich „Ach Gott! Allmächtiger!", „Die Clubberer: Dou ne hald nei!" heißt wörtlich „Die Clubberer: Tu ihn halt rein!"). Bei der letzten Aufgabe müssen die Kinder herausfinden, welche Städte gemeint sind. Vielleicht wird ihr Heimatort auch anders ausgesprochen, als geschrieben?

Im Internet finden Sie zahlreiche Audiodateien zu Dialekten, die Sie zur Veranschaulichung vorspielen können. Viel Spaß beim Ausprobieren!

Lösung
Aufgabe 1:

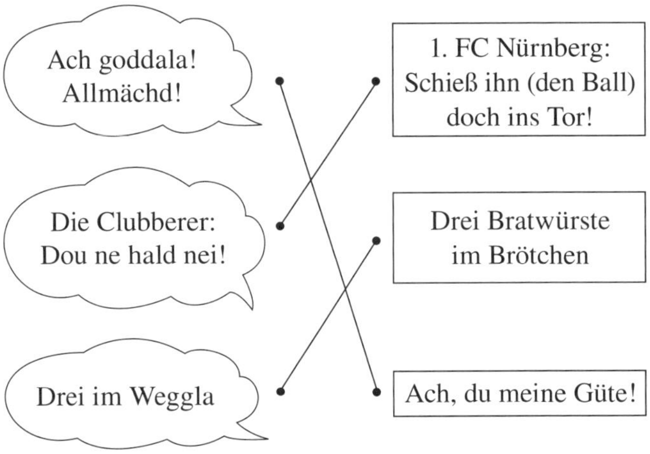

Aufgabe 2:
das – dit, dich – dir, gar nichts – janüscht, herein – rin, ich – ick, keiner – keener

Aufgabe 3:
Schduagat = Stuttgart
Minga = München
Leepzsch = Leipzig

Weitere Unterrichtsvorschläge

- Endet das Buch gut oder schlecht? Bleibt Pickit auf freiem Fuß oder kann er festgenommen werden? Die Schüler schreiben ein Ende auf. Ob es sich dabei um einen guten oder schlechten Ausgang der Geschichte handelt, kommt ganz auf die Perspektive an …
- Zum Abschluss des Themas „Deutschland" kann die Klasse gemeinsam oder in Gruppen ein Deutschlandspiel erstellen. Legen Sie dafür die Deutschlandkarte des Materials vergrößert bereit. Die Schüler ergänzen

die Karte anhand eines Atlas, denken sich Fragen aus, beispielsweise zu Entfernungen, Transportmitteln, Dialekten, typischen Gerichten, Sehenswürdigkeiten oder Festen, und schreiben sie mit den Lösungen auf Spielkarten. Auch die Spielregeln denken sich die Kinder selbst aus, z.B. können zu Beginn von jedem Spieler drei Plätze gezogen werden, an die er nacheinander „reisen“ muss. Vorwärts kommt man durch Würfeln oder durch die Fragekarten, die jeweils beantwortet werden müssen. Es gibt hier unzählige Möglichkeiten und die Schüler werden großen Spaß daran haben, ihr ganz eigenes Deutschlandspiel zu gestalten.

- Backen Sie gemeinsam mit der Klasse Flammkuchen. Vielleicht finden sich ein paar Eltern, die mithelfen oder sogar einen fertigen Flammkuchen in die Schule bringen. Natürlich können auch andere Speisen aus der Lektüre zum Abschluss gegessen werden.
- Am Ende können die Schüler als Gauner oder Kommissar Kugelblitz verkleidet in die Schule kommen. Oft reichen kleine Veränderungen aus. Die Mitschüler erraten, wer jeweils dargestellt wird.

Kommissar Kugelblitz

Kugelblitz-Assistent/in:

Kugelblitz' Deutschlandkarte

Zur Orientierung findest du hier alle Städte, die in der Geschichte eine Rolle spielen. Male die Städte rot und die Gewässer blau an.

Ermittler aufgepasst!

Kugelblitz gibt dir Tipps. Achtung: Er hat in jeden Hinweis einen Fehler eingebaut. Streiche jeweils das falsche Wort durch und berichtige es.

Lies deine Lektüre oberflächlich.

Halte immer Augen und Mund offen.

Hole dir so wenige Informationen wie möglich: aus dem Internet, aus Büchern und durch Befragung deiner Bekannten und Verwandten.

Achte auf dein Arbeitsmaterial, trage nie einen Stift und einen Block bei dir.

Warum bist du ein guter Ermittler? Schreibe auf.

____

____

Vervollständige den Detektivausweis, schneide ihn aus, klebe ihn zusammen und trage ihn bis zur Lösung des Falls bei dir.

✂

Detektivausweis

„Kugelblitz auf Gaunerjagd durch Deutschland“

Teamname: ______________________

Detektivname: ______________________

Fingerabdruck: [ ]

Meine Aufgabe im Team:

☐ Hinweise finden

☐ Tatorte markieren

☐ Täterprofile erstellen

☐ Recherchieren – Kontakte notieren

Unterschrift: ______________________

Kugelblitz-Assistent/in:

Kugelblitz und die Kreditkarte

Welche Abrechnung stammt von Kugelblitz? Rahme sie ein.

Bank – 1. Auszug

Datum	Bel.-Nr.	Text	Betrag
	0012000	DB Ticket Hamburg – Berlin	78,00 €
	0013000	Sport Marrak, Sylt	4836,00 €
	0014000	Computer Wieland, Westerland auf Sylt	3498,00 €
	0015000	Taxi Loibl	25,00 €

Bank – 3. Auszug

Datum	Bel.-Nr.	Text	Betrag
	0021000	Spätkauf	17,00 €
	0022000	DB Ticket Berlin – Hamburg	78,00 €
	0023000	Spielwaren Endl	22,00 €
	0024000	Taxi Loibl	25,00 €

Bank – 2. Auszug

Datum	Bel.-Nr.	Text	Betrag
	0016000	DB Ticket Hamburg – Dresden	114,00 €
	0017000	Restaurant Zum Ochsen	29,80 €
	0018000	DB Ticket Hamburg – Berlin	78,00 €
	0019000	Taxi Loibl	25,00 €

Wo steckt die Brieftasche von Kommissar Kugelblitz? Ergänze das Bild.

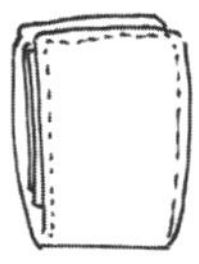

Kugelblitz leert seine Brieftasche. Was befindet sich wohl darin? Ergänze.

Das ist in der Brieftasche: ____

____.

Das fehlt in der Brieftasche: ____.

Kommissar Kugelblitz

Kugelblitz-Assistent/in:

Ein Mann mit Profil

Kugelblitz und die Dame von der Bank sprechen bei ihrem Telefonat von einem „Profil“. Sie reden aber aneinander vorbei.

Erstelle das Kreditkartenprofil von Kugelblitz. Kreise die passenden Angaben ein.

Theaterbesuche   Kleidung   Bahntickets

Taxifahrten   Lebensmittel   Flugtickets

Zubehör für Tauchsport

Restaurantrechnungen   Eintritt ins Schwimmbad

Erstelle ein Profil über dich und dein Leseverhalten.

Folgende Fragen können dir helfen: Wie oft liest du? Was liest du meistens? Wo liest du am liebsten? Schreibe in Stichpunkten.

Mein Leseprofil

____

____

____

Verbinde die Redewendungen jeweils mit der passenden Bedeutung.

zum Zug kommen •	• hereinfallen/scheitern
baden gehen •	• sich vor der Polizei verstecken
den Hahn zudrehen •	• Gewohnheiten einer Person festhalten
untertauchen •	• an der Reihe sein
ein Profil erstellen •	• das Konto sperren

Die große Telefonaktion

Kugelblitz verständigt seine Kollegen in den anderen Bundesländern. In seinem Notizheft stehen allerdings nur die Anfangsbuchstaben der Hauptstädte.

Ergänze die Hauptstädte.

Stuttgart | Schwerin | Dresden | Düsseldorf | Erfurt | Kiel | Saarbrücken | München | Mainz | Magdeburg | Wiesbaden | Potsdam | Hannover

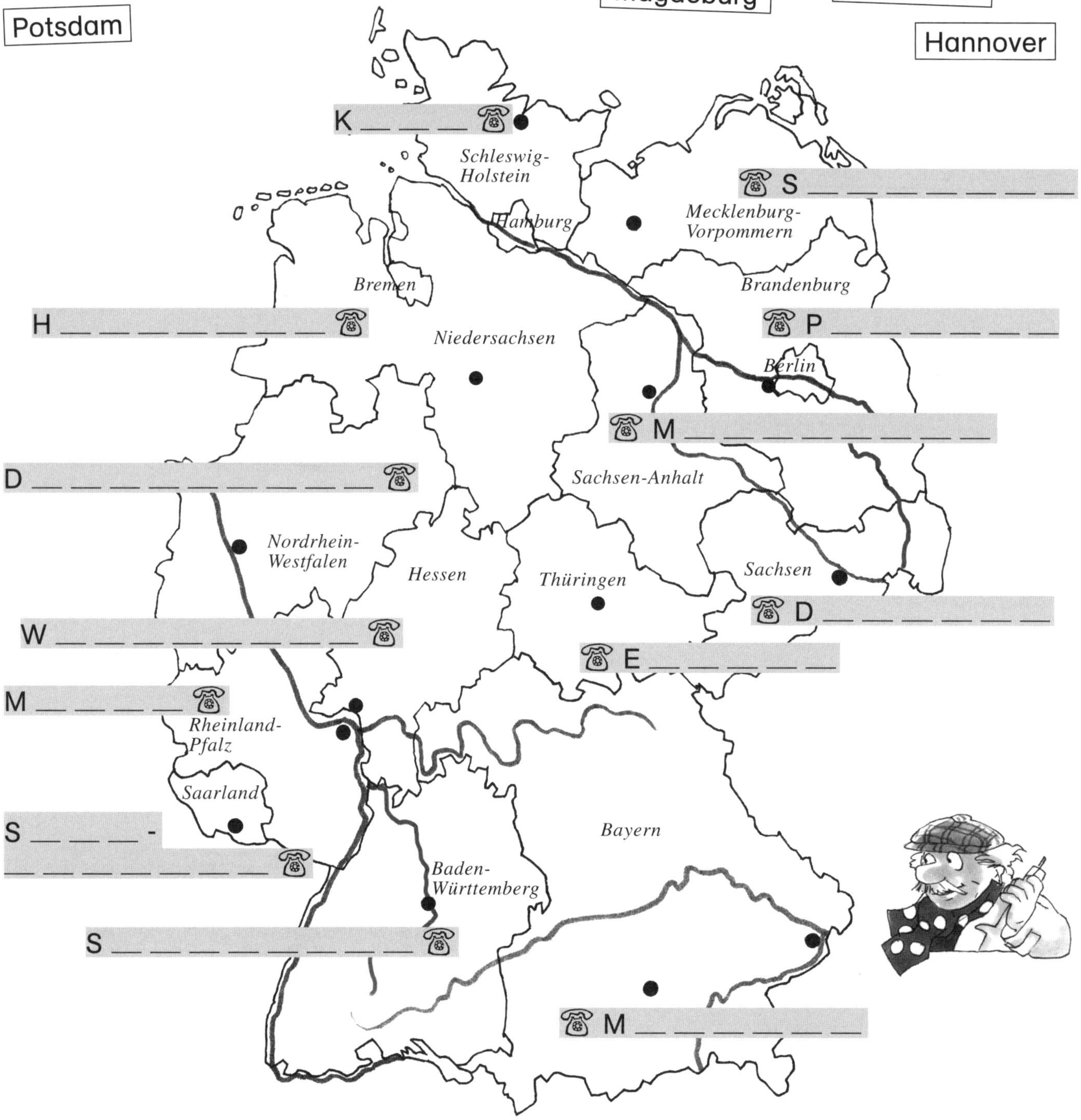

Kugelblitz-Assistent/in:

Hinweiskarte

Hier findest du viele Hinweise, die für die Lösung des Falls wichtig sind. Ordne die Hinweise den richtigen Orten zu. Verbinde.

Amrum und Föhr werden von Dagebüll aus mit der Fähre angesteuert.

VW hat seinen Sitz in Wolfsburg.

Der größte Berliner Fußballclub heißt Hertha BSC.

Die Strecke von Köln nach Kiel beträgt ca. 515 km. Man muss mindestens zweimal die Autobahn wechseln.

Ost-Berlin war die Hauptstadt der Deutschen Demokratischen Republik.

Dresden befand sich 1977 in der Deutschen Demokratischen Republik.

Bonn war bis 1990 die Hauptstadt der Bundesrepublik Deutschland.

Nürnberg liegt in Franken. Die Kaiserburg ist das Wahrzeichen der Stadt. In der Meistersingerhalle finden viele Konzerte statt. Der bekannteste Sohn der Stadt Nürnberg heißt Albrecht Dürer.

In Stuttgart befindet sich Mercedes.

Der Bodensee wird auch „Schwäbisches Meer“ genannt.

Der 1. FC Nürnberg wird auch „der Club“ genannt.

Kommissar Kugelblitz

Kugelblitz-Assistent/in:

Elena Pescatore in Franken

Franken ist Teil eines Bundeslandes. Erkennst du es an den Umrissen? Markiere Franken farbig und ergänze die Sätze.

Verwende die Hinweiskarte.

Franken liegt in ______________________.

Elena Pescatore tritt in ___________________________ auf.

Elena schreibt in ihr Tagebuch. Fülle die Lücken.

Liebes Tagebuch,

heute trete ich um 20 Uhr in der ______________________halle in Nürnberg auf.

Das Konzert ist wieder ausverkauft, obwohl heute im Stadion der

1. ______________________ spielt: die Clubberer, wie sie hier sagen.

Heute Nachmittag habe ich mir die Kaiserburg und das Haus von

______________________ angeschaut, du weißt schon, der bekannte Maler.

Jetzt sitze ich gerade in der nach ihm benannten Stube und warte auf mein

Abendessen. Es gibt „______________________________________“, so heißt hier

der leckere Wurstsalat. Hmm! Nürnberg ist super!

Nach dem Abendessen muss Elena zu ihrem Auftritt. Die Entfernung beträgt sechs Kilometer. Sie überlegt, ob sie diese Strecke zu Fuß gehen soll. Was würdest du ihr raten?

Tipp: Ein Fußgänger legt etwa 3 km in der Stunde zurück.

____

____

Täterprofile der großen Gaunerjagd

Pickit

Aussehen: ______

Besonderheiten: ______

Verhaftungsort: ______

Bürgerlicher Name: ______

2

Mr ______

Aussehen: ______

Besonderheiten: ______

Verhaftungsort: ______

Bürgerlicher Name: ______

3

Mr ______

Aussehen: ______

Besonderheiten: ______

Verhaftungsort: ______

Bürgerlicher Name: ______

4

Mr ______

Aussehen: ______

Besonderheiten: ______

Verhaftungsort: ______

Bürgerlicher Name: ______

5

Mr ______

Aussehen: ______

Besonderheiten: ______

Verhaftungsort: ______

Bürgerlicher Name: ______

6

Mr ______

Aussehen: ______

Besonderheiten: ______

Verhaftungsort: ______

Bürgerlicher Name: ______

7

Mr ______

Aussehen: ______

Besonderheiten: ______

Verhaftungsort: ______

Bürgerlicher Name: ______

8

Kommissar Kugelblitz

Kugelblitz-Assistent/in:

C-a-f-f-e-e-Kantate

Singt das Lied im Kanon.

Volkslied/Carl Gottlieb Hering

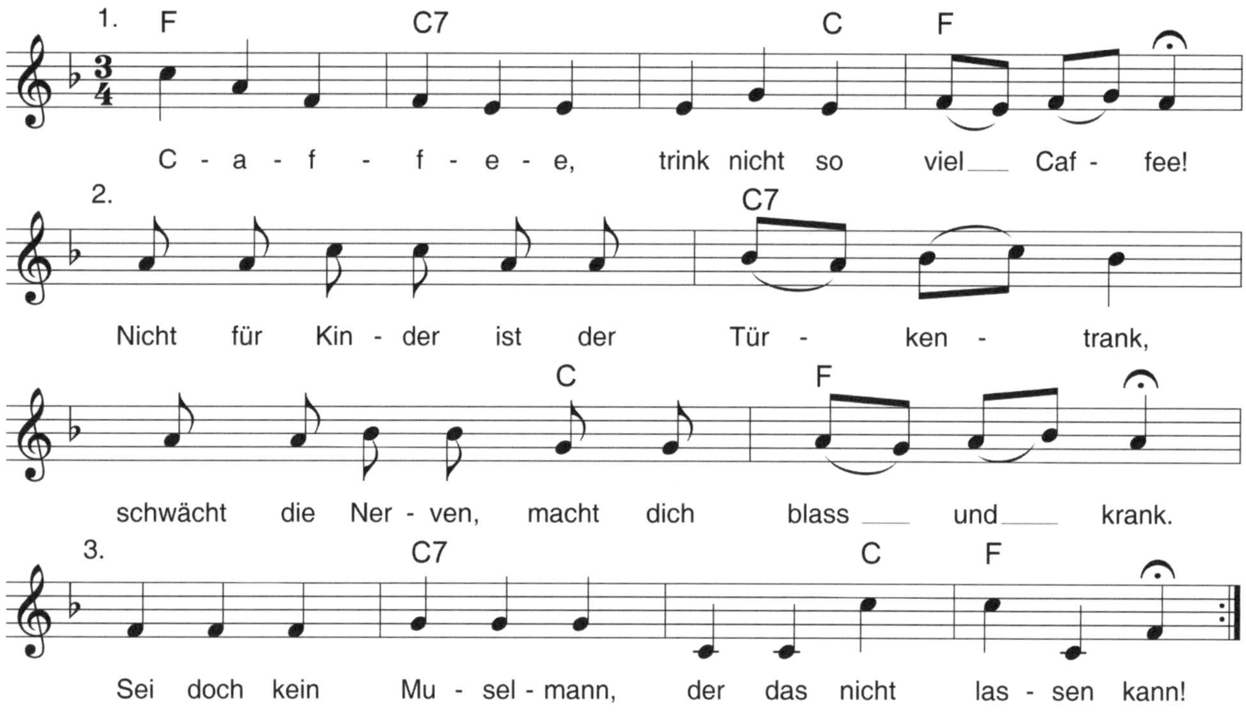

Kaffee kommt ursprünglich aus Äthiopien und wird heute weltweit angebaut.
Seit dem 15. Jahrhundert wird Kaffee, so wie wir ihn kennen,
vor allem in Arabien getrunken.
Durch die Türken gelangte der Kaffee nach Europa,
wo sich immer mehr Kaffeehäuser ansiedelten.

Warum heißt das Lied wohl C-a-f-f-e-e-Kantate und nicht Kaffee-Kantate?

____

____

____

Zum Arabischen Coffe Baum

Markiere in der Zeitleiste, von wann bis wann die Personen gelebt haben. Verwende verschiedene Farben. Male den Rahmen jeweils passend an.

Martin Luther
1483–1546
Theologe

William Shakespeare
1564–1616
englischer Schriftsteller

August der Starke
1670–1733
Kurfürst und Kaiser

1475 | 1500 | 1525 | 1550 | 1575 | 1600 | 1625 | 1650 | 1675 | 1700 | 1725 | 1750 | 1775 | 1800 | 1825 | 1850 | 1875 | 1900

Johann Sebastian Bach
1685–1750
Komponist

Johann Wolfgang von Goethe
1749–1832
Dichter

Napoleon I.
1769–1821
französischer Feldherr und Kaiser

Lies nach: Wann wurde die Quetsche eröffnet? Trage ein und markiere mit einem farbigen Strich in der Zeitleiste.

Eröffnung der Quetsche: ______________.

Kreise die Personen ein, die nicht in der Quetsche gewesen sein können.

Kommissar Kugelblitz

Kugelblitz-Assistent/in:

Nichts als Lügen

Die sieben seltsamen Herren beginnen im Coffe Baum zu flunkern.

Ermittle die Lügen und male den Kreis davor jeweils rot an. Male den Kreis grün an, wenn die Aussage stimmt.

Verwende die Hinweiskarte.

- ○ In Stuttgart kann man mit einem Dampfer auf der Spree fahren.
- ○ In Berlin findet ein Hertha-Spiel statt.
- ○ In einer Fabrik in Wolfsburg werden Mercedes hergestellt.
- ○ Köln und Kiel sind durch einen Autobahnabschnitt verbunden.
- ○ Dresden gehörte 1977 zur Bundesrepublik Deutschland.
- ○ Mainz und Passau liegen am selben Fluss.

Schreibe vier Sätze über deinen Heimatort auf. Zwei davon sind Lügen.

Lies die Sätze einem Partner vor. Findet er die geflunkerten Sätze und kann sie korrigieren? Schreibe sie richtig auf.

Auf nach Leipzig

Lies den Text.

Leipzig ist eine der ältesten Messestädte der Welt. Sie hatte eine Stadtmauer und bot damit im Mittelalter einen sicheren Ort für Händler und Handwerker. Gehandelt wurde mit Waffen, Wolle und Pelzen im sogenannten „Gewandhaus“.
Zu den Handelsmessen reisten Tuchhändler und Schneider aus vielen Städten an, z. B. aus Lübeck. Sie kamen mit dem Pferd, dem Planwagen, der Postkutsche oder zu Fuß. Mit Venedig wurde der Handel auf dem Schiffweg betrieben. Da diese Fortbewegungsmittel wesentlich langsamer waren als unsere Autos und Züge, dauerte das Reisen damals viel länger und war sehr viel anstrengender als heute.

Auch Kugelblitz reist in die Messestadt. Sieh dir den Fahrplan an. Ergänze anschließend den Lückentext.

Hamburg Hbf	Mi, 16.03.12	ab	14:06	8a/b	ICE 1105	Intercity-Express SnackPoint/Imbiss im Zug
Berlin-Spandau		ab	15:38	5		
Berlin Hbf (tief)	Mi, 16.03.12	an	15:46	1		
① Umsteigezeit 5 Min.						
Berlin Hbf (tief)	Mi, 16.03.12	ab	15:51	2	IC 2209	Intercity Fahrradmitnahme reservierungspflichtig, Fahrradmitnahme begrenzt möglich, Bordbistro
Berlin Südkreuz		ab	15:58	5		
Lutherstadt Wittenberg		ab	16:35	2		
Leipzig Hbf	Mi, 16.03.12	an	17:05	11		

Kugelblitz startet um ______________ in Hamburg. Er muss ______________ umsteigen, und zwar in ______________.
Die Umsteigezeit beträgt ____ Minuten. Er muss von Gleis ____ auf Gleis ____ wechseln. Um ______________ verlässt der Zug Wittenberg. Der Zug endet am Hauptbahnhof Leipzig um ______________ auf Gleis ______.

Kugelblitz undercover

Kugelblitz trifft sich mit Rummy-Rudi. Um nicht gleich als Polizist erkannt zu werden, überlegt er sich genau, was er anzieht.

Zeichne Kugelblitz' Tarnung auf.

So tarnt er sich:

So könnte er sich auch tarnen:

Bastle eine Kugelblitz-Stabpuppe.

Du brauchst:

- Buntstifte, Schere, Karton, Klebstoff

So geht's:

1. Male die beiden Kommissare auf dem Fahrrad an und schneide sie aus.
2. Schneide einen Streifen (ca. 1 cm x 15 cm) vom Karton ab.
3. Klebe jetzt die beiden Kommissare zusammen und lege dabei den Kartonstreifen in die Mitte, sodass du die Figur an diesem Stab gut halten kannst.

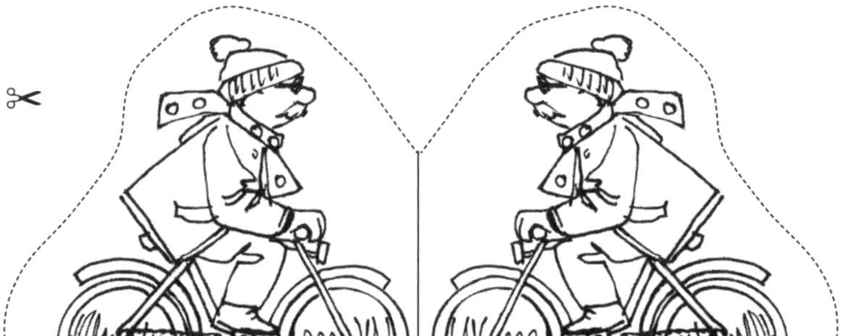

Kommissar Kugelblitz

Kugelblitz-Assistent/in:

Hamburg für Spürnasen (1)

Kommissar Kugelblitz fährt mit dem Rad an verschiedenen Orten in Hamburg vorbei. Spüre sie im Text auf und markiere sie im Stadtplan farbig.

Zeichne einen Weg ein, den Kommissar Kugelblitz mit dem Rad zurückgelegt haben könnte.

Hamburg für Spürnasen (2)

Kugelblitz sieht unterwegs viele interessante Dinge. Verbinde.

Hebeanlage •	• ein Springbrunnen, bei dem das Wasser senkrecht nach oben gepumpt wird
Dock •	• kleines Stadtgebiet in Hamburg, das direkt am Elbstrand liegt
Fontäne •	• hier werden Schiffe aus dem Wasser gehoben, z. B. für Reparaturen
Övelgönne •	• Segelbootwettrennen im Frühjahr
Frühlingsregatta •	• Anlage, die verdrecktes Schmutzwasser abpumpt

Kugelblitz fährt rund zehn Kilometer. In fünf Minuten legt er zwei Kilometer zurück. Wie lange benötigt er für die Radstrecke?

[2] km legt Kugelblitz in [5] min zurück.

↓ (·5) ↓ ( )

[10] km legt Kugelblitz in [ ] min zurück.

Auf dem Rückweg denkt Kugelblitz nach. Wie lange braucht er, wenn er halb so schnell fährt?

____

____

Kugelblitz-Assistent/in:

Die lila Falle – Kugelblitz als Köder

Kugelblitz muss sich auf seinen Einsatz als Köder gut vorbereiten und konzentriert vorgehen.

Schneide das Domino aus und bringe Kugelblitz' vielfältige Aufgaben in die richtige Reihenfolge. Klebe es auf ein Blatt.

✂

Die lila Falle – Kugelblitz als Köder	Spezialcreme und gefälschte Kreditkarten besorgen	sich als Reisender verkleiden	Brieftasche und Kreditkarte präparieren
Hände zum Schutz eincremen	zum Bahnhof fahren	zur Tarnung Zeitschriften kaufen	sich vor den Fahrkarten-schalter stellen
ungeschickt mit den Reise-unterlagen hantieren	alle Personen genau beobachten	den Mann, der ihm folgt, im Auge behalten	sich auf seine Manteltasche konzentrieren
blitzschnell zugreifen	den Dieb mit stahlhartem Griff festhalten	Handschellen anlegen	auf die lila Verfärbung der Finger warten
die Bahnpolizei informieren	**Fall erledigt!**		

Kugelblitz-Assistent/in:

Berlin

Auf dem Stadtplan sind Sehenswürdigkeiten eingetragen, die Kugelblitz, Martin und Amelie besichtigt haben. Ordne ihre Nummern den Fotos zu.

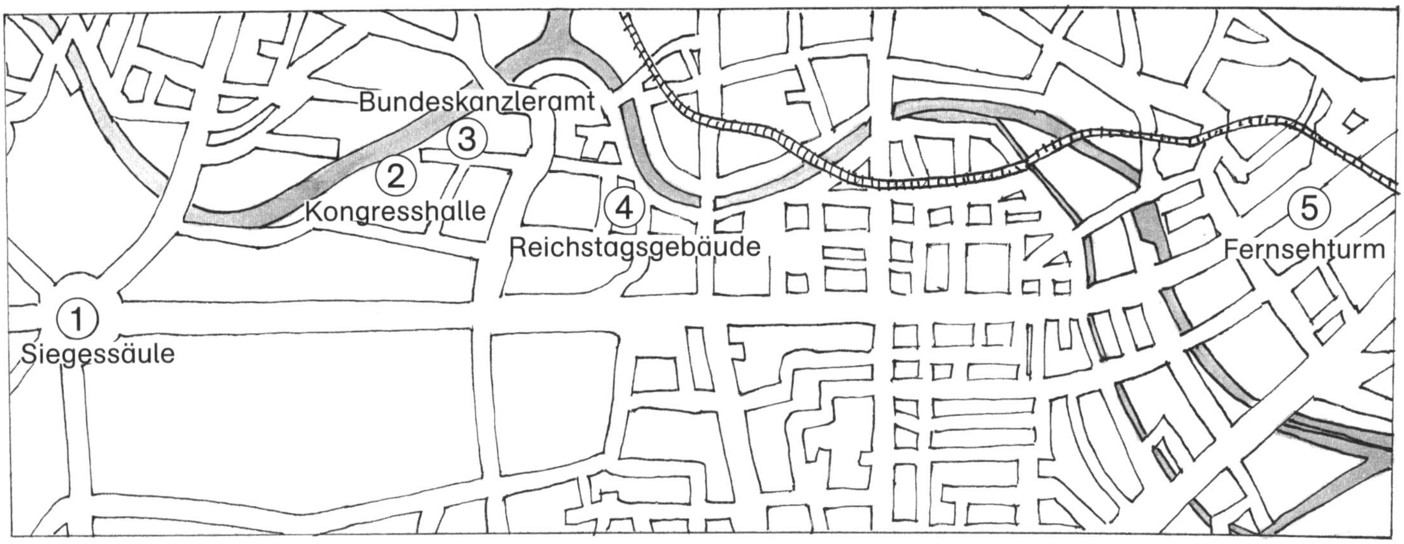

Berlin ist seit der Wiedervereinigung wieder Hauptstadt der Bundesrepublik Deutschland. Welche Städte waren vor 1990 Hauptstadt?

Hauptstadt der BRD: ______________ Hauptstadt der DDR: ______________

Ein Ferientag in Berlin

Amelie erzählt von den Spitznamen einiger Bauwerke. Kreise jeweils den Spitznamen und das Bauwerk mit derselben Farbe ein.

Siegessäule mit Engel

Telespargel

Kongresshalle

Schwangere Auster

Goldelse

Kuppel des Reichstags

Fernsehturm

Eierwärmer

Kugelblitz lädt seine beiden jungen Begleiter auf eine Schiffstour ein. Wie viel muss er bezahlen?

Reederei Zwölfer	**Infotafel**
Erwachsene:	30 €
Kinder (6–18 Jahre):	22 €
Kinder unter 6 Jahren frei	
Dauer der Rundfahrt: ca. 2 h	
Abfahrt immer zur vollen Stunde	

Kugelblitz muss ___ Euro bezahlen.

Martin fotografiert seinen Onkel. Ergänze das Foto, auf dem Kugelblitz und eine Sehenswürdigkeit von Berlin zu sehen sind.

Verwende einen Reiseführer oder suche im Internet.

Kugelblitz-Assistent/in:

Bist du ein guter Detektiv?

Wer Detektiv werden will, sollte bestimmte Eigenschaften mitbringen.
Kreise sie rot ein. Streiche durch, was nicht stimmt.

Geduld Ausdauer musikalisches Talent Kombinationsvermögen

Sonnenbräune schauspielerisches Talent Pokerface Appetit

gute Beobachtungsgabe Vergesslichkeit Verschwiegenheit Mut

Sorgfalt Einfallsreichtum

Welche Merkmale kennzeichnen dich als Spürnase? Notiere.

____

____

Für dich als Detektiv gibt es berühmte Vorbilder.
Achtung: Kreuze nur Spürnasen an.

☐ Sherlock Holmes ☐ Pumuckl ☐ Commissario Brunetti ☐ Garfield

☐ Biene Maja ☐ Kalle Blomquist ☐ Emil Tischbein ☐ Miss Marple

Schult eure Beobachtung. Spielt zu zweit, dritt, viert oder fünft.

Wähle ein Bild aus einer Zeitschrift oder Zeitung aus und schreibe fünf Fragen dazu auf. Zeige das Bild deinen Mitspielern. Sie dürfen nur einen kurzen Blick darauf werfen, dann müssen sie die Fragen schriftlich beantworten.

Für jede richtige Antwort gibt es einen Punkt.
Wer hat nach einer Runde die meisten Punkte?

Kugelblitz-Assistent/in:

Kartengrüße sichern

Kugelblitz nimmt die Karte vom Rosenstrauß mit. Überlege: Wo könnte er mehr über den Kartenschreiber herausfinden? Schreibe auf.

Warum geht er nicht ______________________

____

Beschrifte drei kleine Zettel wie die Karte im Rosenstrauß. Klebe einen hier auf.

Welche Spuren hast du mit deiner Karte hinterlassen? Nenne zwei.

____________________ ____________________

Lehrer erkennen ihre Schüler oft an der Schrift. Kennst du die Schriftbilder deiner Mitschüler? Testet eure Spürnasen in Gruppen. Geht so vor.

- Faltet eure beiden beschrifteten Zettel. Sammelt alle Zettel in einer Box.
- Zieht nacheinander jeweils zwei Zettel. Achtung: Jeder muss zwei fremde haben.
- Klebe die beiden gezogenen Zettel unten auf.
- Kannst du die Handschriften deinen Mitschülern zuordnen? Schreibe auf.

Schrift von: ____________________ Schrift von: ____________________

Kommissar Kugelblitz

Kugelblitz-Assistent/in:

Deutsche Inseln

Kennst du dich aus? Fülle die Lücken.

Ostsee | Eisenbahnfährhafen | Züge | Bodensee | Nordsee | Amrum | Föhr

Verwende die Hinweiskarte.

Der Hafen von Rostock liegt an der ____________. In Sassnitz befindet sich der größte __________________________. Von dort werden _________ mit der Fähre nach Trelleborg in Schweden übergesetzt. Von Dagebüll aus werden die beiden Inseln _________ und ____________ angesteuert. Sie gehören zu den nordfriesischen Inseln und liegen in der ____________. Der _______________ liegt im Süden Deutschlands und wird auch „Schwäbisches Meer“ genannt.

Ermittle die Wegstrecken der beiden Fähren. Ergänze die Tabelle.

Die Fähre von Sassnitz nach Trelleborg ist vier Stunden unterwegs. Die Fahrt von Dagebüll nach Amrum dauert 90 Minuten.

	Fahrdauer	Weg pro Stunde	Entfernung
Dagebüll – Amrum		16 km	
Sassnitz – Trelleborg		30 km	

„Einmal nach Trelleborg und zurück. Das schaffen wir an einem Tag“, sagt Mr Three zu Pickit. Wie viele Möglichkeiten gibt es für ihre Fahrt?

Hinfahrt Sassnitz – Trelleborg	7:45, 12:45, 17:45, 22:30
Rückfahrt Trelleborg – Sassnitz	8:05, 13:05, 18:05, 23:05

Es gibt ____________ Möglichkeiten.

Zugführer auf Gaunerjagd

Der Zugführer hat zum Glück alle seine fünf Sinne beisammen und ist hellwach. Du auch? Bearbeite die Aufgaben.

1. Wie sammelt der Zugführer sein erstes Indiz? Kreise ein.

tasten sehen hören schmecken riechen

2. Der Zugführer verdächtigt Mr Three, lässt sich aber nichts anmerken. Mit welcher Bemerkung lenkt er von seinem Verdacht ab? Ergänze.

„Vielleicht haben Sie ja einen ______________________.“

3. Warum wendet er sich wohl ab?

- ☐ Er will sofort die Polizei rufen.
- ☐ Er will nicht, dass Mr Three seinen Gesichtsausdruck sieht.
- ☐ Er möchte möglichst wenig auffallen.
- ☐ Er hat sich schlecht rasiert.
- ☐ Er will aus dem Zugabteil flüchten.

4. Der Zugführer liest die Täterbeschreibung. Welches Indiz sagt ihm, dass es sich tatsächlich um den Betrüger handelt? Zeichne es in den Kasten.

5. Wäre der Zugführer ein guter Detektiv? Begründe.

____

____

Von Nord bis Süd, von Ost bis West

Polizeichef Bingo macht Kugelblitz Dampf, indem er selbst erst einmal Dampf ablässt.

Suche die Stelle im Text und fülle die Lücken.

Was ist das für ein

____________________________________?

Diese Kreditkartenbetrüger werden immer frecher!

Von der ____________ bis zum ______________.

Von ______________ bis ______________. Von

______________________ bis _______________.

Markiere die Orte, die Bingo erwähnt, farbig auf Kugelblitz' Deutschlandkarte. Wo befinden sie sich? Was fällt dir auf?

____

____

____

Erstelle nun dein eigenes „Deutschland von Nord bis Süd, von Ost bis West". Suche eigene Orte oder Städte an den Rändern von Deutschland.

Nimm einen Atlas zu Hilfe.

Nord: ______________________ Süd: ______________________

Ost: ______________________ West: ______________________

Kugelblitz-Assistent/in:

Aufruf der Polizei

Wegen betrügerischer Taschendiebe, die mit geklauten Kreditkarten Bargeld abheben, geht folgender Aufruf der Polizei an die Bevölkerung.

Leider sind die Sätze durcheinandergeraten. Schreibe sie richtig geordnet auf.

Aufruf der Polizei zu Ihrer Sicherheit

auf Ihrer Karte die Geheimzahl niemals Notieren Sie.

bei sich Sie Tragen nicht zu viel Bargeld.

Ihren Geldbeutel Tasche bei sich verschlossenen Tragen Sie in einer.

liegen Wertgegenstände nicht Lassen Sie unbeaufsichtigt.

Notieren Sie ______________________________

____

____

____

Entwirf ein Schild, das vor Trickdieben warnt.

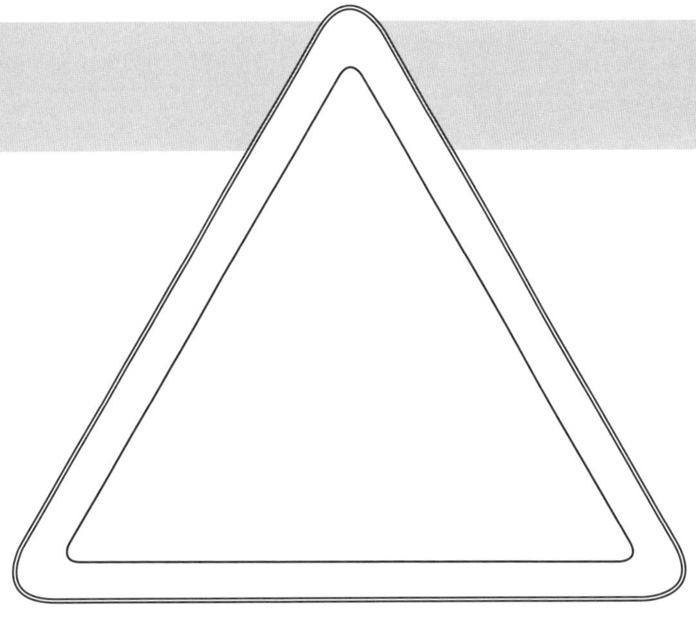

Kugelblitz-Assistent/in:

Vom Jäger zum Gejagten

Mr One geht auf der Internationalen Automobilausstellung in Frankfurt auf „Schnäppchenjagd“. Was meint er damit?

____

____

Ergänze.

Auf seiner Jagd unterläuft Mr One ein schwerer Fehler. Er hinterlässt Spuren. Die aufmerksame Putzfrau ____________________ findet die ____________________ und verständigt die Polizei. Kommissar Bembel hat an diesem Tag bereits ______ Anzeigen aufgenommen. Bei der Verhaftung war Kommissar ______________ sehr behilflich.

Welchen heißen Tipp gibt Kugelblitz Kommissar Bembel wohl?

____

____

Kugelblitz überlegt, zur Verhaftung nach Frankfurt zu fahren. Wie lange braucht er für die 480 km, wenn er durchschnittlich 100 km/h fährt?

Rechnung:

Antwort: ____

Um die Ecke geguckt – Ein Periskop

Als Detektiv brauchst du auch die passende Ausrüstung. Bastle dir ein Periskop.

Du brauchst:

- starken Karton, 24 cm x 42 cm
- Lineal, Stift, Schere
- spitze Schere oder Teppichmesser
- evtl. Buntstifte oder Wasserfarben
- Klebstoff und Klebestreifen
- zwei Taschenspiegel, 3 cm x 6 cm

So geht's:

1. Übertrage die Vorlagenskizze auf den Karton und schneide ihn zurecht. Schneide auch vorsichtig die Fenster für die Spiegel aus.
2. Falte den Karton an den durchgezogenen Linien entlang zu einem Quader und klappe ihn danach wieder auf.
3. Ritze vorsichtig die Schlitze für die Spiegel ein.
4. Wenn du deinen Quader bemalen willst, geht das jetzt am besten. Male die Außenseite an. Denk daran: Detektive sollten möglichst unauffällig sein!
5. Falte den Quader und klebe ihn mit Klebstoff und Klebestreifen zusammen.
6. Stecke nun die Spiegel durch die Schlitze. Achte darauf, dass die Spiegelflächen zueinander zeigen.

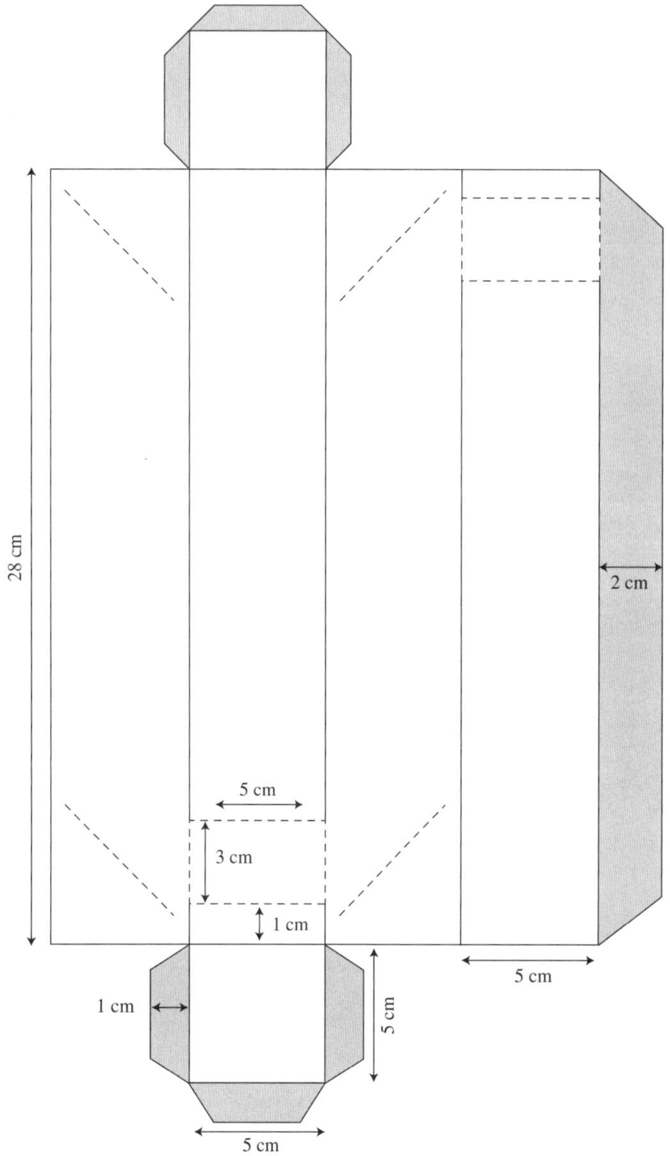

Kommissar Kugelblitz

Kugelblitz-Assistent/in:

Hinter schwedischen Gardinen

Im Gefängnis gibt es überall Gittertüren und Eisengitter vor den Fenstern. Der Begriff „schwedische Gardinen“ kommt daher, dass früher sehr viel Eisen und Stahl aus Schweden importiert wurde.

Wer wohnt hinter schwedischen Gardinen? Finde die 14 Begriffe und markiere sie farbig. Notiere sie auf den Linien.

B	F	G	M	L	S	D	A	V	K	M	G	A	N	G	S	T	E	R
A	S	H	A	L	U	N	K	E	R	T	U	Z	W	E	D	L	M	N
K	H	J	F	G	D	E	S	R	I	O	P	U	Z	L	K	B	X	R
D	E	W	I	S	Z	M	X	B	A	N	D	I	T	S	P	S	W	L
F	B	E	T	R	Ü	G	E	R	N	M	D	L	K	F	R	C	S	A
G	A	E	F	C	V	L	O	E	N	J	A	S	W	P	X	H	A	P
Z	Y	T	I	W	L	D	S	C	H	U	R	K	E	F	G	U	H	C
R	K	G	S	F	T	E	B	H	V	N	A	D	P	A	S	F	L	J
L	A	N	G	F	I	N	G	E	R	E	R	F	L	T	Ä	T	E	R
W	S	K	L	P	S	V	B	R	Z	T	U	W	X	B	S	A	L	O
D	J	A	M	R	S	I	X	O	L	E	G	F	S	L	E	Z	T	K
I	A	S	P	I	T	Z	B	U	B	E	U	G	A	U	N	E	R	F
E	E	S	R	F	S	L	U	A	E	U	O	I	L	M	P	A	S	K
B	Ö	S	E	W	I	C	H	T	X	D	F	G	H	P	K	L	E	Z

Sicher kennst du auch andere Begriffe aus der Gaunersprache. Schreibe sie auf.

Kommissar Kugelblitz

Kugelblitz-Assistent/in:

Kugelblitz' Schlemmerführer

Eine echte „Speise-Karte"! Darauf findest du verschiedene Speisen, die in deinem Buch eine Rolle spielen.

Schneide die Gerichte unten aus und klebe sie jeweils auf den richtigen Teller. Ergänze weitere Gerichte.

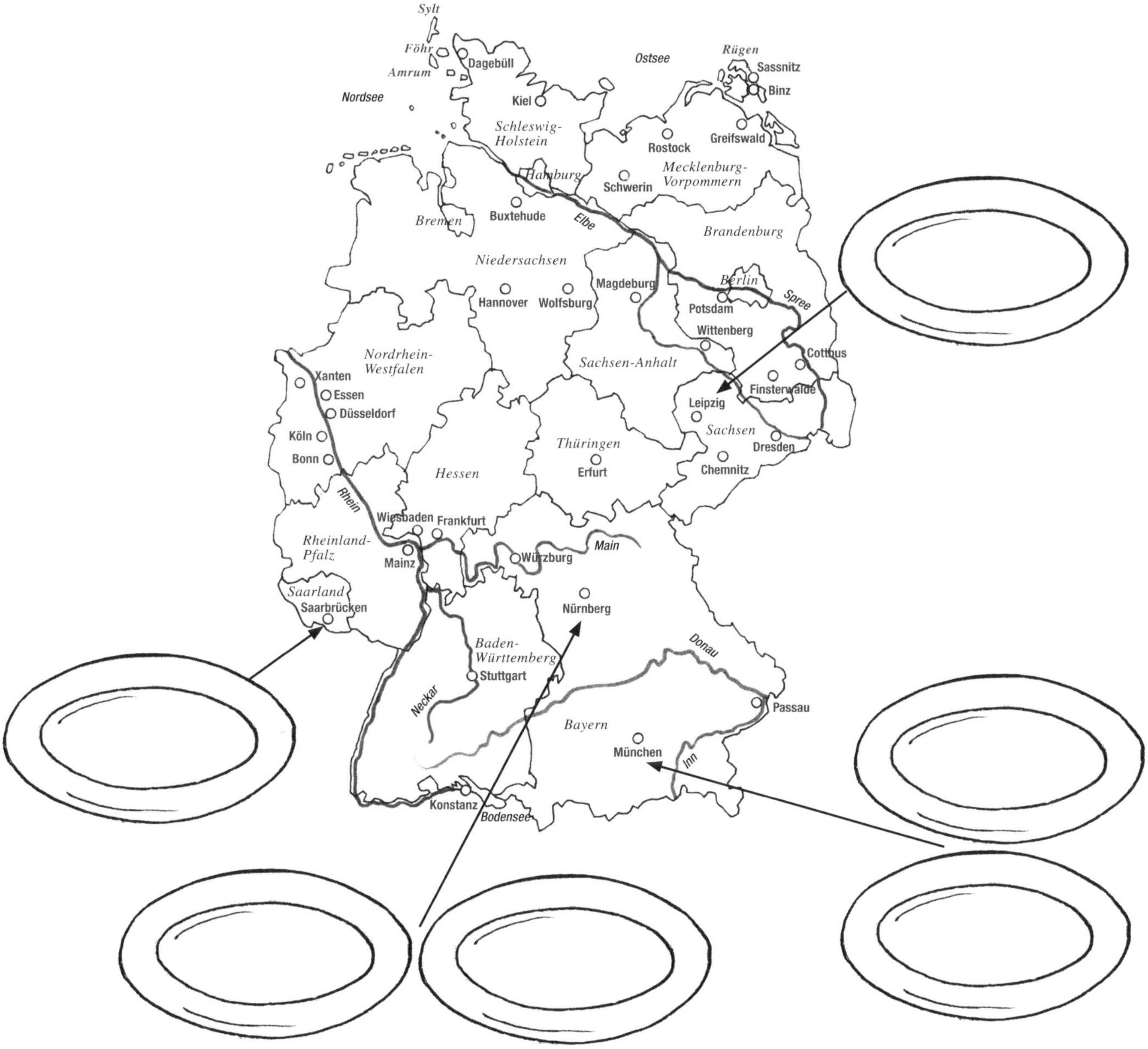

✂

Stadtwurst mit Musik	Brezn	Leipziger Allerlei	Sechs mit Kraut	Hendl	Flamm-kuchen

Kommissar Kugelblitz

Kugelblitz-Assistent/in:

Sprachspuren – Dialekte in Deutschland

In Nürnberg wird fränkischer Dialekt gesprochen. Kannst du die Sätze aussprechen? Weißt du auch, was sie bedeuten? Ordne zu.

Ach goddala!
Allmächd!

Die Clubberer:
Dou ne hald nei!

Drei im Weggla

1. FC Nürnberg: Schieß ihn (den Ball) doch ins Tor!

Drei Bratwürste im Brötchen

Ach, du meine Güte!

So spricht man in Berlin. Ergänze das Wörterbuch Deutsch – Berlinerisch.

Dit kann ja keener lesen!
Da vastehste janüscht! Ick find dir trotzdem klasse!
Komm ma rin!

das ______________________ herein ______________________

dich ______________________ ich ______________________

gar nichts ______________________ keiner ______________________

Auch Städtenamen werden im Dialekt anders ausgesprochen. Schreibe den offiziellen Namen der Stadt auf die jeweilige Zeile.

München

Schduagat (schwäbisch) = ______________________

Leipzig

Minga (bairisch) = ______________________

Stuttgart

Leepzsch (sächsisch) = ______________________

